MIX
Papier aus verantwortungsvollen Quellen
Paper from responsible sources
FSC® C105338

Christiane Maria Völkner

Geistiges Heilen

Transformation im Quantenfeld der Schmetterlinge

Heilen mit allen Sinnen

Ein Praxisbuch

Überarbeitete Neuauflage 2017

**Bibliografische Information
der Deutschen Nationalbibliothek**

Die Deutsche Nationalbibliothek verzeichnet diese Publikation in der Deutschen Nationalbibliografie; detaillierte bibliografische Daten sind im Internet über http://d-nb.info/gnd/1031868615 abrufbar.

Christiane Maria Völkner

Geistiges Heilen

Transformation im Quantenfeld
der Schmetterlinge

Heilen mit allen Sinnen

ISBN 9783743159808

© 2017 Christiane Maria Völkner
www.yowea.com

Herstellung und Verlag:
BoD - Books on Demand, Norderstedt

Das vorliegende Lehrbuch ist urheberrechtlich geschütztes Material durch Christiane Maria Völkner, Yowea®.
Alle Rechte sind vorbehalten.

Inhaltsverzeichnis

Vorwort **12**

Einleitung **15**
   Meine eigene innere Reise 15
      So fand ich Zugang zur geistigen Welt 15
      Wie ich Heilerin und Medium wurde 16

1. Wegweiser **21**
   Was ist Krankheit und was ist Gesundheit? 21
      Und was bedeutet Heilung? 21
      Geistiges Heilen wirkt in Analogien 22
      Liebe im Alltag verwirklichen 23

2. Wegweiser **24**
   Der innere Schlüssel 24
      Neue Möglichkeiten schaffen 24

3. Wegweiser **26**
   Ankunft der Schmetterlings-Engel 26
      Das aktuelle Zeitgeschehen 26
      Wie mein Schmetterlings-Engel zu mir kam 27
      Der tiefere Sinn der Transformation 31
      Die Zyklusgeber der Natur 32
      Leben besteht aus Buchstaben 33
      Sei dankbar! 36
      Die drei Aspekte des Menschen 37
      Schmetterlings-Übung zur Schöpferkraft 38

4. Wegweiser **41**
   Dein innerer Computer 41
      Das innere Anti-Virenprogramm installieren: 42

5. Wegweiser **44**
   Das Rückgrat 44
      Die Wirbelsäule – dein Lebensgerüst 46

6. Wegweiser **47**
   Dein Inneres Kind 47
      Mittler zwischen dem Irdischen und der Seele 47
      Schaffe eine neue Verbindung zu deinem Inneren Kind. 48

7. Wegweiser **49**
   Die Medialität 49
      Was versteht man unter Medialität? 49
      Reale und mediale Sinneswahrnehmung 50
      Mediale Sinne schulen – eine Übung: 50
      Medialität und das Wissensfeld 51
      Wissensfeld und Hyperraum sind eins 53
      Alles folgt deiner Absicht 54
      Kinder und Medialität 55

8. Wegweiser **57**
   Das Körperbewusstsein 57
      Analytisch denken und ganzheitlich fühlen 57
      Warum deine Füße so wichtig sind 58

9. Wegweiser **61**
   Die Chakren und ihre Bedeutung 61

10. Wegweiser **64**
   Chakra-Power-Training 64
      Übung für das Wurzel-Chakra: Bauer / Erdung 64
      Übung für das Polaritäts-Chakra: Sinnlichkeit 65
      Übung für das Sonnengeflecht-Chakra: Eigenmacht 66

Übung für das Herz-Chakra: Herzöffnung 68
Übung für Hals- und Stirn-Chakra: Radfahrer 69
Übung für das Kronen-Chakra: Würdeträgerin 71

11. Wegweiser 74

Schlüssel zur Transformation 74
   Der innere Lichtkanal 74
   Wie beginnst du deine Heilersitzung 75
   Energiepfad zur Transformation 76
   Themen für Transformation: 80
   Ziel für Geistiges Heilen und Transformation: 80
   Verlauf einer Sitzung 81
   Die kosmische Acht 84
   Die Übung 85
   Kosmische Acht um paarige Körperteile 87
   Kosmische Acht um ein Problem herum visualisieren 87
   Eine neue Manifestation schaffen 88
   Transformation durch Segnung 91

12. Wegweiser 93

Die innere Leere 93
   Das 4-Wochen-Trainingsprogramm 93

13. Wegweiser 96

Die Erd-Kundalini 96
   Mit der Erd-Kundalini zu neuen Ufern 98
   Der neue Navigator führt uns zur Liebe 99

14. Wegweiser 100

Die Seelenverschmelzung 100
   Rückkehr des Hohen Selbst 100
   Warum brauchen wir eine Seeleneinweihung? 100
   Warum wir von unserer Seele getrennt sind 101

Seelenverschmelzung – Zugang zur Erdenseele 102
Die Einweihung Seelenverschmelzung 103
Aktiviere deinen inneren Schmetterling 108
Einweihung Seelenverschmelzung mit Erd-Kundalini 109

15. Wegweiser 115
Die Magie der violetten Flamme 115
Transformation mit kosmischer Energie 115
Violette Flamme trifft Schmetterling 117
Die verzerrte Wirklichkeit korrigieren 118
Violette Flamme und die neue Erde 120
Violette Flamme hinter dem Regenbogen 121
Einweihung in die Violette Flamme 122
Gechannelte Botschaft von St. Germain 125

16. Wegweiser 128
Die weibliche Schöpferkraft 128
Die Welt der großen Göttin 128
Patriarchat und Matriarchat 128
Die Neue Zeit des Miteinanders hat begonnen 129
Die Göttin vereint das Weibliche und Männliche in sich 130
Zwischen Geist und Materie ist der Thron der Göttin 130
Heilerin und Vorbild für kosmische Weisheit 132
Ereignisse bei der Rückkehr der Großen Göttin 133
Der Davidstern 134
Entdeckung des neuen Planeten Sedna 134
Geistiges Heilen etabliert sich wieder 135
Die große Göttin und das Kornkreisfeld 135
Die Menschheit erwacht in ihre Meisterschaft 135

17. Wegweiser **137**
   Transformation auf Zellebene 137
      DNA – dein Schöpferpotenzial 137
      Der Verjüngungsstrahl ist schöpferisch 138
      Das Ritual zur Einweihung 140
      Wie du den Verjüngungsstrahl aktivierst 142
      Verjüngungsstrahl im Alltag 143
      Löse dich von der Illusion des Mangels 145

18. Wegweiser **146**
   Reset-Programm zur Transformation 146
      Was ist ein energetisches Reset 146
      Das Ritual zur Einweihung „Reset" 148

19. Wegweiser **154**
   Samenkorn der Vollkommenheit 154
      Den Bauplan zum Herzen freilegen 154
      Einweihung Samenkorn der Vollkommenheit. 156

20. Wegweiser **164**
   Die sieben Urprinzipien der Schöpfung 164
      1. Urprinzip - DANKBARKEIT 167
      2. Urprinzip - AKZEPTANZ 167
      3. Urprinzip – LIEBE 169
      4. Urprinzip – FÜHLEN 170
      5. Urprinzip – NEUTRALITÄT 171
      6. Urprinzip - TRANSFORMATION 172
      7. Urprinzip - FREUDE 173

21. Wegweiser **176**

   Authentische Kommunikation 176
      Das Leben wird immer komplexer 176
      Authentische Kommunikation und Körperintelligenz 179
      Jeder Mensch ist ein Unikat 181
      1 - 2 - 3 - 4 - 5 Sekunden entscheiden über dein Leben. 182

22. Wegweiser **184**

   Die gesetzliche Seite des Geistigen Heilens 184
      Was geschieht beim Geistigen Heilen? 186
      Was ist bei der Tätigkeit als Geistiger Heiler erlaubt? 187
      Was ist bei der Tätigkeit als Geistiger Heiler verboten? 188
      Hinweise für die Tätigkeit als seriöser Heiler 189

23. Wegweiser **190**

   Ruf der Schmetterlinge 190
      Jetzt - in diesem Augenblick ist alles in Ordnung 190

24. Wegweiser **192**

   Der Schmetterlings-Code 192
      Schlüssel zum neuen Sein 192
      Aufruf der Schmetterlings-Engel 193
      Was ist der Sinn dieser neuen Entwicklung 193
      Planet Erde regeneriert sich gerade. 194
      Zukunft neu bestimmen 195
      Die neue Zeit heißt JETZT 196
      Danke 199
      Schlusswort 200

Vielen Dank

Als Schulmedizinerin steht meine ärztliche Tätigkeit auf naturwissenschaftlicher Basis, verbunden mit dem Wunsch, Gesundheit für die Patienten zu erreichen.

Bei Christiane Maria Völkner machte ich 2007 die Ausbildung in Geistigem Heilen. Das Geistige Heilen erlebe ich seither als wunderbare Erweiterung und Ergänzung meines ärztlichen Wissens und Könnens.

Geistiges Heilen lässt mich das seelische Leid hinter der Krankheit deutlicher erkennen. So kann ich besser verstehen, was die Seele mitteilen möchte, was sie krank macht und den Patienten helfen, Heilungsblockaden zu lösen.

Die bewusste Verbindung zur geistigen Heilungsenergie und zur Erde hilft mir außerdem persönlich sehr für meinen eigenen „Energiehaushalt". So zehrt mich meine Arbeit nun nicht mehr so aus wie früher und ich bin in meiner Arbeit belastbarer und effizienter geworden.

Ich bin Christiane Völkner sehr dankbar, dass sie mir (und vielen anderen) auf so einfache und doch kraftvolle Weise die Arbeit als Geistheilerin und „Channel" nahe bringt.

Ich wünsche mir, dass viele Menschen wieder Zugang zu diesem Potential bekommen, um sich und andere bei der Heilung zu unterstützen.

Muriel Sobiray

Ärztin (Psychotherapie), www.muriel-sobiray.de

Vorwort

Liebe Leserin, lieber Leser!

Dieses Buch ist für dich gedacht. Richtig! Nur deshalb hast du es in der Hand.

Du weißt sicherlich schon viel über Geistiges Heilen und Transformation. Mit diesem Buch möchte ich dir das i-Tüpfelchen der Transformation auf Quantenebene vermitteln. Schmetterlinge besitzen die Weisheit, sich von einer Form in eine andere zu wandeln. Um diese schöpferische Transformation zu kreieren, haben sie alle ihre Sinne eingesetzt, um das Abenteuer der Wandlung zu vollbringen.

Die Schmetterlings-Engel begleiten dich durch die 24 Wegweiser dieses Buches, sie zeigen dir aus ihrer Perspektive, wie Transformation gelingt. Möchtest du dich von den Schmetterlings-Engeln inspirieren lassen? Bist du bereit, deine eigene Transformation zu meistern? Dann komm mit auf die Reise.

Die Übungen, die ich hier vorstelle, sind energetische Transformations-Methoden, um aus Engpässen heraus zu kommen. Du erfährst, wie du über deine Sinneswahrnehmungen jederzeit deine Lebensenergie erneuerst und im Quantenfeld der Schmetterlinge deine Realität neu erschaffen kannst.

Ich habe mich für die Neuauflage des Buches entschieden, um neue Erkenntnisse des Geistigen Heilens zu vermitteln. Es geht hierbei auch um das tiefere Verstehen unserer neuen Zeit und wie wir die höheren Schwingungen optimal in unseren Alltag integrieren.

Insbesondere offenbare ich dir Einweihungs-Rituale, mit denen du schrittweise deinen eigenen inneren Schmetterling integrieren kannst. Die Einweihungs-Übungen nimmst du am besten auf, wenn du mit deiner eigenen Stimme durch die einzelnen Etappen der Einweihung gehst. Die Schmetterlings-Engel begleiten dich dabei. Wenn du dich sicher fühlst, kannst du diese Einweihungen auch im Rahmen einer geführten Meditation an deine Klienten oder Gruppen weitergeben.

Bevor du weiterliest, schlage ich vor, dich gut zu erden. Konzentriere dich auf deine Fußsohlen und gib deinen Alltagsstress in die Erde ab. Dort werden die Energien transformiert. Trommle dabei leicht mit den Fersen und behalte die Fußzehen auf dem Boden. Stell dir vor, wie du dich mit dem Mittelpunkt der Erde verbindest.

Spürst du den Kontakt zur Erde? Kannst du die Geborgenheit wahrnehmen, die jetzt von unten aufsteigt? Zur Verstärkung trommle weiter mit den Fersen auf den Boden. Öffne auch dein Herz, indem du mit einer Hand leicht auf deinen Brustkorb klopfst. Sage leise: *„Ich liebe mich so, wie ich bin."* Fühle deine Selbstliebe. Bekunde deine Dankbarkeit, einfach nur so. Dankbarkeit ist der erste Schritt zur Transformation.

Ich wünsche dir eine gute Reise mit allen Sinnen durch die 24 Wegweiser des Praxisbuchs für Geistiges Heilen.

Himmel trifft Erde

Einleitung

Meine eigene innere Reise
So fand ich Zugang zur geistigen Welt

Alles begann mit einer spirituellen Erfahrung. Es war an einem Nachmittag im Jahr 1978. Ich hatte Musik aufgelegt und wollte ein bisschen tanzen. Plötzlich bemerkte ich, wie ich mitten in der Tanzbewegung stehen blieb und aus mir selbst hinaus schwebte. Ich floss ins All, während mein Körper bewegungslos stehen blieb.

Im All war es erfrischend kühl und die Luft duftete nach blühenden Limonen. Während ich immer weiter schwebte, wurde mir bewusst, dass ich ins „Große Ganze" reiste. Dann war ich plötzlich da, in meiner kosmischen Heimat. Es schien ganz selbstverständlich zu sein.

Als ich mich umschaute, erkannte ich, dass alle anderen Menschen und Wesen der Schöpfung auch hier waren. Jeder hatte seinen besonderen Platz hier oben. Im Kosmos war alles in Ordnung, Gut und Böse gab es nicht.

Die gesamte Schöpfung war in unendlichen Spiralen angeordnet, harmonisch, perfekt und schön. Im Inneren der Spirale war helles Licht, es leuchtete in jeden Bereich der Schöpfung. Jedes einzelne Wesen atmete das Licht ein und wieder aus, wie Ebbe und Flut - bedingungslos zur Quelle zurück.

Während ich selbst das Licht ein- und ausatmete, wurde mir bewusst, dass ich Gott einatmete. Gott war die Quelle des Lichtes, die jeden Teil der Schöpfung durchströmte. Vergängliche Zeit gab es im Kosmos nicht. Alle Zeit existierte zeitgleich.

Nach einer Weile bemerkte ich einen großen machtvollen Engel neben mir. Er sagte: *„Schau, hier unten ist dein Körper".* Dabei deutete er liebevoll auf meinen Körper unten auf der Erde. Er stand immer noch bewegungslos da, genauso wie ich ihn verlassen hatte.

Der Engel fragte: *„Möchtest du in deinen Körper zurückkehren?"* Ja! Ich fühlte mich zu meinem Körper hingezogen. Vor allem wollte ich meinen Freunden von meinem Erlebnis im „Großen Ganzen" berichten. Dann machte ich meinen Abflug zurück zur Erde.

Als ich wieder unten war, gab es einen kräftigen Ruck. Dann war ich wieder in meinem Körper drin. Doch irgendwie schien alles anders als zuvor zu sein. Ich fühlte mich wie ein anderer Mensch, fast so, als wäre ich zum ersten Mal hier auf der Erde. Ganze Wissens-Bibliotheken hatte ich aus dem Kosmos mitgebracht. Ein Wissen, was ich zuvor nicht hatte. Ich hatte die Liebe vom „Großen Ganzen" mitgebracht. Alles schien grenzenlos zu sein.

Wie ich Heilerin und Medium wurde

Meine außerkörperliche Erfahrung hatte mein bisheriges Leben grundlegend auf den Kopf gestellt. Es fiel mir auf, dass ich keinen Zugriff auf meine bisherigen Emotionen hatte, dass ich einfach nicht mehr in Bewertungen denken konnte. Die Gefühlswellen waren verschwunden. Es gab jetzt nur noch ein zentrales Gefühl, das war Liebe und Einverstandensein mit allem was ist.

Für meine Freunde war das ziemlich befremdlich. Sie waren irritiert, weil ich ihren emotionalen Höhen und Tiefen nicht mehr folgte. Für sie war ich plötzlich wie eine Außerirdische, die keine Ahnung von weltlichen Dingen hatte. Und wenn ich ihnen von meinem kosmischen Erlebnis berichtete, meinten sie, das sei doch nur Einbildung gewesen.

Mein Körper wusste zwar, dass da früher mal was anderes war, aber mein Denken hatte die Erinnerung verloren. Es war so, als hätte jemand einen Hebel in mir umgelegt.

Mein inneres Wissen sagte mir, dass dies ein Zustand der Erleuchtung sei. Das Problem war nur, dass ich nicht darauf vorbereitet war. Ernsthafte Probleme tauchten nicht auf, denn der Kosmos hielt seine schützenden Flügel über mir. Ich konnte diesen ungewohnten Zustand meistern, ohne dramatisch wegzukippen.

Nach einigen Monaten hatte ich die spontane Idee, einfach mal alles loszulassen, die Freunde, die Familie, den Bürojob als Sekretärin. Ich wollte erfahren, wie es ist, mal ohne festes Ziel zu leben, mich den Ereignissen des Lebens hinzugeben und zu spüren, wohin mich das Schicksal führt, ohne Bestimmungsort und Reisepläne.

Einige Tage nach diesem Entschluss begann ich mein ganzes Hab und Gut zu verschenken und zu verkaufen. Nachdem alles weg war, fuhr ich mit meinem kleinen Fiat und dem notwendigsten Gepäck los. Meine Reise führte mich erst mal nach Spanien. Diesen Entschluss hatte ich kurz zuvor getroffen. Mir sogar einige Deutschbücher für Ausländer zugelegt, falls es sich ergeben würde, in einer

Sprachschule oder privat Unterricht zu geben. Eine pragmatische Ader blieb mir erhalten.

Als ich in Spanien ankam, war ich unendlich fasziniert. Das weite Meer, der Strand, die Sonne und die Vorstellung von Ewigkeit. Mit diesem Gefühl blieb ich einfach da. Ich entdeckte mein kleines Paradies in Altea, einem kleinen Fischerdorf an der Costa Blanca. Dort fand ich einen Job im Reitstall und kleinere Tätigkeiten. Sogar meine Deutschbücher im Gepäck fanden Anwendung.

Es war eine Zeit, in der ich mich selbst neu kennen lernte. Das unbeschreibliche Gefühl der Liebe hatte sich im Laufe der Monate relativiert. Dann entdeckte ich bei mir mediale Fähigkeiten - und dass ich heilen konnte.

Diese neuen Fähigkeiten kamen einfach aus mir hervor, als hätte ich sie schon immer gehabt. Zum Glück gab es in Spanien keine Zensuren, keine Familie oder Freunde, die mich kontrollierten. Ganz im Gegenteil, es sprach sich positiv herum, dass ich mediale Fähigkeiten hatte. Wie durch höhere Führung kamen mit der Zeit auch Menschen, die Rat bei mir suchten. Ich gab intuitiv Wissen preis, das einfach durch mich hindurch kam.

Ganze vier Jahre verbrachte ich in Spanien, bis ich wieder zurück nach Deutschland ging. Dieses Mal führte mich die Reise nach Düsseldorf. Intuitiv spürte ich, dass es gut wäre, mich in Metaphysik und energetischen Heilweisen ausbilden zu lassen.

Düsseldorf war seinerzeit eine spirituelle Hochburg. Viele großartige Lehrer aus den USA boten dort Seminare und Ausbildungen an. Ich entschied ich mich für eine dreijährige Ausbildung in Atemtherapie.

Im Kosmos hatte ich ja erlebt, wie alle Wesen durch den Atem mit der Lichtquelle Gottes verbunden waren. Ich wollte das tiefere Geheimnis des Atems erfahren. Meinen Lebensunterhalt verdiente ich mir zeitgleich als Sekretärin.

Nachdem ich Atemtherapeutin war, entschied ich mich für eine Ausbildung in einer Energy-Mastery-School, machte Fortbildungen in Körpersprache, Voice Dialogue, erlernte das Chakra-Tönen und spielte Improvisationstheater. Nach sechs Jahren intensiven Lernens entschied ich mich, meine eigenen Transformationsmethoden zu entwickeln. Der Kosmos gab mir Lektionen und eröffnete mir Wege, um neue spirituelle Erkenntnisse zu gewinnen, wobei ich auch mit Mutter Natur und schamanischen Erkenntnissen vertraut wurde. Ich war fasziniert, glücklich und fühlte mich gesegnet. 1992 hatte ich mein erstes großes Coming out als Medium in der Öffentlichkeit. Damit bekam mein Lebensweg eine weitere großartige Richtung.

Mein spiritueller Erfahrungsweg ging allerdings nicht nur über Rosenblütenblätter. Es gab auch Dornen, das waren die Momente, in denen ich tiefe elementare Prüfungen durchlief. Heute bezeichne ich diese Zeiten als Überlebenstraining, bei dem ich lernte, wie man aus eigener Kraft neuen Boden unter den Füßen gewinnt. Ob das gesundheitliche Themen waren, finanzielle Herausforderungen oder soziale Diskriminierung - es gelang mir jedes Mal, wie Phönix aus der Asche ins Licht zu steigen.

Durch meine medialen Fähigkeiten, meine Kenntnisse in Metaphysik sowie meine Lebenserfahrungen ist mein eigener Weg des Heilens mit allen Sinnen entstanden.

In diesem Praxisbuch habe ich die wichtigsten Punkte für Geistiges Heilen zusammengestellt. Du erfährst, wie du dein Leben spirituell anheben und deine Klienten mit medialen und energetischen Fähigkeiten bei ihrer ganzheitlichen Gesundwerdung begleiten kannst. Die einzelnen Übungsschritte sind klare Konzepte und Methoden für die persönliche und berufliche Weiterbildung.

Die Schmetterlings-Engel werden sich hier immer wieder zu Wort melden, um dich bei deiner Transformation zu begleiten.

1. Wegweiser

Was ist Krankheit und was ist Gesundheit?
Und was bedeutet Heilung?

Mit dieser Frage möchte ich die Reise in die geistige Heilerarbeit beginnen.

Mir wurde bewusst, dass Krankheit, so realistisch sie auch erscheinen mag, nur eine manifeste Illusion ist. Im Kosmos hatte ich erlebt, dass die Schöpfung vollkommen ist. Demzufolge sind alle Menschen, sogar jede Lebenssituation vollkommen, denn kein Krümelchen unserer Existenz ist jenseits der göttlichen Liebe. Vollkommenheit ist eine kosmische Gesetzmäßigkeit. Vor diesem Hintergrund kann Krankheit nicht wirklich existieren.

Solange wir Krankheit als Gegenpol von Gesundheit betrachten, können wir die Vollkommenheit nicht finden. Wir bleiben in der Dualität gefangen. Für mich bedeutet Krankheit daher „Abwesenheit von Liebe". Wenn du deine Krankheit lieben kannst, verliert die Krankheit sofort ihre Kraft. Dann gibt es nur noch Vollkommenheit. Das betrifft alle Leiden der Welt.

Erkennst du die Illusion in der wir leben?

Jesus sagte: *„Dein Glaube versetzt Berge".* Die Frage ist, woran glaubst du? Wo ist dein freier Wille, der dich ermächtigt, zu glauben, was du glauben willst?

Geistiges Heilen wirkt in Analogien

Solange wir Krankheit und Gesundheit als Gegenpole betrachten, leben wir im Bewusstsein einer linearen Logik. Geistiges Heilen wirkt jedoch im Sinne von Analogien, also in Entsprechungen.

Unsere Medizin – die nach einer linearen Logik arbeitet - bekämpft die Symptome einer Krankheit, weil sie davon ausgeht, dass wir ohne sichtbare Krankheits-Symptome wohl gesund sein müssten. Geistiges Heilen bezieht sich jedoch nicht auf das „gesund machen", vielmehr suchen wir bei Krankheiten einen Weg zurück zur Liebe. Wenn wir Liebe fühlen, reagiert der Körper analog zu diesem Gefühl und kann die gesamte Biologie auf ungeahnte Weise zurück in eine Harmonie bringen. So können wir innerlich UND äußerlich heil werden.

Geistiges Heilen ist ein Weg der Selbst-Transformation. Die Klienten lernen, sich selbst zu lieben, neu zu fühlen, neu zu denken und neu zu sein. Das ist der ur-christliche Weg der Heilung, den die Menschen in den alten Zeiten, wo sie noch mit der weiblichen Spiritualität verbunden waren, angewandt haben.

Gott sagt immer „ja". Wenn wir Krankheit „weg"-bekommen wollen, schickt uns das Leben noch mehr davon, damit wir unendlich viel wegmachen können. Das Leben ist unser Spiegel, es gibt uns genau das, worauf wir unsere Aufmerksamkeit richten.

Paracelsus sagte: *„Liebe ist der höchste Grad der Arznei".*

Ich lade dich nun zu den nächsten Schritten ein, um zu erfahren, wie das funktioniert.

Liebe im Alltag verwirklichen

Du kennst das! Selbstliebe wird oft mit Egoismus verwechselt. Man hat dann angeblich ein großes Ego, mit welchem man andere kleiner machen will. Selbstliebe wird mit Selbsterhöhung gleichgesetzt.

Das ist ein großer Irrtum. Denn Liebe kommt aus dem Herzen. Selbstliebe ist ein Zustand der Vollkommenheit. Oh je, ich höre schon laute Gedanken.... Vollkommenheit sei doch Selbstbetrug. Wer wäre denn schon vollkommen, wir hätten alle unsere Fehler. Daran könne sich niemand vorbei mogeln. In solchen Diskussionen kann man sich unendlich verwickeln und ablenken lassen.

Die Wahrheit ist: Dein Herz ist der Ort, an dem du die bedingungslose Liebe erfahren kannst. Es ist der einzige Ort, wo sich dein Schicksal verwandeln kann. Denn dein Herz ist niemals von der Energie der kosmischen Liebe getrennt gewesen.

Dein Herz ist bedingungslos im Gleichklang mit allen anderen Menschen. Die Kunst der Selbstliebe besteht darin, sich in guten und in schlechten Momenten zu lieben. Daraus entsteht wahre Größe und dazu wurden wir geboren.

In der Größe bist du heil und vollkommen. Krankheit kann so nicht mehr existieren.

Wenn ich gewinne, gewinnt jeder!

2. Wegweiser

Der innere Schlüssel
Neue Möglichkeiten schaffen

Für deine Erdenreise hast du einen freien Willen bekommen. Du darfst entscheiden, welche Realität du erschaffen willst.

Das ist ganz einfach, viele Menschen machen das so. Es funktioniert nach dem gleichen Prinzip, wie du eine langweilige Fernsehsendung einfach abschaltest und dann ein neues Programm wählst. So geht das auch mit der Manifestation neuer Lebenserfahrungen.

Kein Mensch ist wirklich Opfer seiner Lebensumstände. Denn die formgebende Kraft des Lebens ist in jedem und umgibt uns alle. Manchmal müssen wir einfach nur lernen, auf eine neue andere Weise zu denken als bisher. Damit können wir auch Veränderungen in unserem Leben bewirken. Alles ist mit allem vernetzt, wir sind alle miteinander verbunden. Ob wir das erkennen oder nicht.

Wenn es dir zu langweilig ist, wenn du immer in den gleichen mühsamen Gedanken-Schleifen verweilst, wenn du dir immer wieder vorstellst, vor einer unüberwindbaren Mauer zu stehen oder dir alles gefallen lässt, um des lieben Friedens willen, dann ist es Zeit zum Umschalten.

Doch wo ist der Umschaltknopf für das neue Programm?

Du weißt schon, die magische Umschaltung befindet sich im Zentrum deines Herzens. Sie heißt Selbstliebe.

Du magst jetzt denken: *"Alles schön und gut. Doch wenn es drauf ankommt und die Konflikte über Hand nehmen, dann ist einfach nüchterne Überlegung angesagt. Schließlich geht es darum, rasch eine Lösung zu finden. Danach ist immer noch Zeit für Selbstliebe."*

Ich kenne solche Situationen natürlich nur zu gut. Und ich will nicht behaupten, dass mich der Beelzebub nie mehr erwischt, um mir grinsend zu zeigen, wer Herr im Land ist. Werde ich ihm glauben oder der Kraft meines Herzens vertrauen? Das weiß keiner. Doch je öfter ich das Umschalten im Herzen, trainiere, desto sicherer bin ich in meiner Selbstliebe, da mag kommen was will.

Wir können mit kopfgesteuerten Zielen rationale Veränderungen bewirken. Mit herzgesteuerten Impulsen hingegen kann uns das Leben in ein höher schwingendes Erfahrungsfeld bringen, jenseits der Dualität, wo wir neue ungeahnte Lösungswege erkennen.

Die Frage ist, wofür entscheidest du dich? Und wann wirst du mit deinem neuen Weg beginnen?

Selbstliebe ist ein Training und DER Schlüssel zur Selbstbefreiung und Transformation von Blockaden jeder Art.

3. Wegweiser

Ankunft der Schmetterlings-Engel
Das aktuelle Zeitgeschehen

„Wir Schmetterlings-Engel sind spirituelle Wesenheiten. Die Hopi Indianer nennen uns Butterfly Maiden, für sie sind wir die Spirits der großen Göttin, die beim Übergang in die verschiedenen Lebenszyklen Begleitung anbieten.

Wir kommen von Galactic Butterfly, dem höchsten Bewusstsein eurer Galaxie. Wir möchten euch bei eurer Orientierung zum neuen Menschsein behilflich sein. Wie ihr merken könnt, tauchen zur Zeit immer mehr Krisen auf, die bei manchen sogar zu Weltuntergangsstimmungen führen. Viele Dinge funktionieren einfach nicht mehr in der gewohnten Weise. Doch das Chaos steht für Neubeginn.

Obwohl die Katastrophen streckenweise ziemlich heftig sind, besitzt ihr immer noch die Macht, eine neue Wahl zu treffen. Ihr könnt den inneren Schalter umlegen und eure Erde transformieren. Transformation bedeutet, „durch die Form hindurch" etwas Neues entstehen zu lassen. Der Schlüssel hierzu ist die Liebe in euren Herzen. Liebe bewirkt Wandlung.

Wie viele Menschen sehen sich „als Herrscher" über die Erde, beuten sie aus und machen in ihrem Luxuswahn das eigene Lebensumfeld kaputt. Diese Zeit geht gerade zu Ende. Es ist nicht das Ende der Welt, vielmehr ist der Zeitpunkt gekommen, wo etwas Neues geboren wird, eine ganz neue Erfahrungswelt für euch Menschen. Und alle *seid ihr dabei, wenn sich die Welt in eine neue Form wandelt.*

Das Neue ist noch geheimnisvoll und unfassbar. Ihr kennt es nicht, ihr könnt es nicht kontrollieren. Ihr habt keine Vorbilder für diese neue Entwicklung. Deshalb sind wir Schmetterlings-Engel in „eure Realität" gekommen. Wir helfen euch beim nächsten Schritt eurer menschlichen Evolution.

Philosophisch betrachtet befindet ihr Menschen euch gerade in der Transformation von Raupe zum befreiten Schmetterling".

Wie mein Schmetterlings-Engel zu mir kam

Es war am 21.12.2012. Nach den Maya-Überlieferungen sollte genau jetzt eine neue Zeit für uns Menschen beginnen. Aus diesem Grund hatte ich mit Freunden ein großes Fest veranstaltet. Wir wollten die Neue Zeit mit Ritualen, Singen und Tanzen würdevoll begrüßen. Ich war so gespannt darauf, ob wir Wunder erleben würden.

Unser Fest war ein gelungener Auftakt für den neuen Abschnitt unserer Zeit. Unsere Herzen waren voller Liebe, wir hatten schöne Visionen und konnten unsere kosmische Verbindung zur Einheit spüren.

Bereits am nächsten Tag kam die volle Ernüchterung. Ich hatte keine Ahnung, dass sich die neue Zeit so drastisch bemerkbar machen würde. Ohne Vorwarnung wurde ich aus meiner alten Komfortzone raus geschleudert.

Wie von unsichtbarer Hand wurde meine vertraute Welt zerstört. Meine Beziehung zerbrach an einem einzigen Wort, Freunde zogen sich zurück, meine spirituelle Arbeit verlor an Energie, der Kontostand sackte in den Keller und meine Persönlichkeit zerbröselte wie morsches Mauerwerk. Alle bekannten Strukturen gerieten ins Wanken.

Ich fühlte mich absolut erbärmlich. Der äußere Halt war einfach weg. Was hier vor sich ging, verstand ich nicht. Ich versuchte meine Selbstliebe aufrecht zu erhalten. Gleichzeitig dachte ich die meiste Zeit ans Sterben. Und ob wohl meine Zeit auf der Erde nun wirklich zu Ende ginge. Ich befand mich - bildlich gesehen - in einem dunklen Raum, schalldicht und zugemauert. Ein innerer Zustand zwischen Leben und Tod.

Nach Wochen der Verzweiflung hörte ich plötzlich eine leise innere Stimme. Sie sagte: *„Dies ist nicht das Ende. Du hast noch etwas vor, etwas ganz Großartiges"*. Dann konnte ich die spirituelle Wesenheit erkennen, die Kontakt mit mir aufnahm. Sie war ca. 2,50 Meter groß, hatte schlanke Beine und lange Arme mit großen bunten Flügeln. Sie war ein wunderschöner weiblicher Schmetterlings-Engel.

„Jetzt, in diesem Augenblick ist alles in Ordnung", flüsterte mein Engel. *„Streife die Hülle deiner alten Identität ab, löse dich vom Ballast der Vergangenheit."* Die Worte meines Schmetterlings waren hoffnungsvoll. Doch im nächsten Moment überkamen mich wieder Panikgefühle und ich erwiderte: „Und wie bezahle ich meine Miete, meine Versicherungen, das alltägliche Leben muss doch weitergehen, sonst stehe ich auf der Straße."

Mein Schmetterling-Engel sagte nur: *"Jetzt, in diesem Augenblick, ist alles in Ordnung. Konzentriere dich auf das JETZT. Lass jeden Gedanken an die Zukunft los. Nur im Jetzt vollzieht sich deine Verwandlung"*.

Wenigstens wusste ich nun, wo es langgehen soll. Im Klartext: Keine Kontrolle. Einfach geschehen lassen. Und mir vorstellen, jetzt sei alles in Ordnung.

Ich will nicht aufzählen, wie oft ich noch meinen Ängsten begegnet bin. Manchmal betete ich stundenlang: „Jetzt in diesem Augenblick ist alles in Ordnung" In diesen Momenten konnte ich fühlen und glauben, dass alles in Ordnung war. Angst und Sorge lösten sich auf. Doch sobald mein Verstand einsetzte, war wieder alles vorbei. Es war ein Kampf zwischen Verstand und Hingabe an eine Ordnung, die ich noch nicht kannte.

Meine Selbstliebe-Übungen halfen mir, über die dunklen Momente hinwegzukommen. Es gelang mir, die Hoffnung auf ein Ziel, das mir noch nicht bekannt war, aufrecht zu erhalten. Ich stellte mir einfach eine lichtvolle Zukunft im Herzen vor. Wo alles schön sei, wie im Paradies.

Dann kam der gefürchtete Moment, wo ich Wohnung, Praxis und Keller räumen sollte. Doch wohin mit meinen Sachen und wohin mit mir und meiner Arbeit? Mir wurde total schwindelig. Dann habe ich mich in mein Schicksal ergeben. Einfach tief losgelassen, mich selbst, das Leben und alles drum herum. Wenige Minuten später bin ich durch einen inneren Kanal geflogen, es war ein Zustand zwischen Tod und Ewigkeit. Dann kam ich auf der anderen Seite wieder raus. Hier war es ganz hell, nur noch Licht.

Einige Momente verweilte ich in diesem Licht, sorgenfrei, losgelöst, wie von Engelsflügeln getragen.

Zwei Stunden später, als ich gerade anfing meine Umzugskartons zu packen, geschahen Wunder über Wunder. Mein Leben wurde plötzlich von neuen Regeln bestimmt.

Völlig unerwartet wurde mir im Nachbarhaus eine neue kleinere Praxis angeboten, Nachbarn waren da, die beim Umzug halfen, alte Freunde tauchten plötzlich auf, die ebenfalls mithalfen. Aus heiterem Himmel erhielt ich neue Anfragen für Beratungssitzungen, die ich dann zwischen meinen Umzugskartons gab. Einige Freunde brachten duftende Brötchen mit zum Frühstück, Thermoskannen voller Kaffee, andere holten Pizza um die Ecke und eine andere Freundin sorgte immer wieder für eine tolle Spagetti-Runde. Wir hatten so viel Spaß beim Umzug und lachten uns kringelig - weil alles so unfassbar war.

Meine innere Sonne kam wieder zum Vorschein. Das war der Aufbruch in mein neues Schmetterlingsleben.

Rückschauend betrachtet kommt es mir so vor, als hätten die Schmetterlings-Engel bereits an meiner Wiege gestanden. Sie waren auch die Impulsgeber durch alle Etappen meiner spirituellen Entwicklung. Und nun begleiten sie mich in den nächsten Zyklus meiner menschlichen Veränderung.

Sie haben die Weichen neu gestellt, für die besondere Art und Weise meiner geistigen Transformationsarbeit mit allen Sinnen.

Daran möchte ich dich mit meinen Wegweisern im Praxisbuch teilhaben lassen.

Der tiefere Sinn der Transformation

Die Schmetterlings-Engel machen uns Mut und sagen: „Haltet euch bereit! Mutter Erde streift gerade ihre alten Kleider ab. Sie bringt ein neues Bewusstsein hervor und zeigt sich denen, die mitgehen wollen. Befreie dich von jeder Bewertung, erhebe dich in die nächste Stufe deiner inneren Größe.

Wir Schmetterlings-Engel kennen eure Geschichte. Wir wissen, wie sich die Raupe zum Schmetterling verwandelt. In vergangenen Zeiten sind wir selbst schöpferisch von einer niederen Dimension in eine höhere aufgestiegen.

Nun sind wir gekommen, um euch mit unserem Wissen hilfreich zu begleiten. Wir sind eure Ur-Ahnen aus anderen Dimensionen, wir sind verbunden mit allem, was ist.

Es ist Zeit, eure Welt der Dualität zu verwandeln. Transformation ist greifbar nahe, für jeden einzelnen von euch. Reinigt eure Zellen von den Erinnerungen an Karma, hebt euer Bewusstsein auf ein höheres Niveau, holt verlorene Seelenteile zurück und löst uralte Belastungen aus euren Lebensenergiefeldern, auch die energetischen Implantate, die euch an ein niederes Bewusstsein fesseln. Je weniger Ballast ihr mitschleppt, je leichter könnt ihr euch bis hinein in die Zellen erneuern und entfalten.

Als wir noch Raupen waren, mussten wir neue Zellen aktivieren. Das waren unsere Imagozellen, diese Zellen kannten bereits die Vision unserer zukünftigen Schmetterlingsnatur. In diesem Prozess wurden wir dann zu Schmetterlings-Engeln.

Die große Transformation geht also weit über euer Denken und Fühlen hinaus, sie umfasst eure gesamte Materie, den Körper, die gesamte Biologie bis in jeden Baustein eures bisherigen Lebens. Eure Wirklichkeit wird von Grund auf erneuert und angehoben".

Die Zyklusgeber der Natur

"So wie eure Kinder zu Jugendlichen werden, später zu Erwachsenen und dann die weiteren Lebenszyklen durchlaufen, so befindet ihr euch als Menschheit ebenfalls in einem revolutionären Wandel eurer Entwicklung. Sozusagen am Anfang einer neuen Evolution.

Ihr verlasst gerade den Zustand eures Kindseins und kommt in das Erwachsenenalter. Das bedeutet: Selbstverantwortung übernehmen, sich aus jeder Fremdbestimmung lösen. Schöpfer und Schöpferinnen werden, die eigenmächtig aus ihren Herzen neue Realitäten formen. Mit anderen Worten, ihr lasst gerade euer Raupen-Bewusstsein hinter euch und entwickelt euch hin zum selbstbewussten Schmetterling.

Wer kommt mit auf diese Reise? Bist du dabei?

Du kennst das bereits aus eigenen Erfahrungen: Es bedarf einer Umstellungsphase, Altes loszulassen und sich für einen neuen Lebensabschnitt zu öffnen.

In dieser Übergangszeit spürst du, wie das Leben dir eine neue Ordnung zeigt. Du lernst Regeln kennen, die du bisher nicht gebraucht hast. Deshalb sind wir gekommen, wir helfen dir bei deiner Neuorientierung. Wir sind die Zyklusgeber der Natur".

Leben besteht aus Buchstaben

„Wie du vielleicht schon gesehen hast, haben viele Schmetterlinge Buchstaben und Zahlen auf den Flügeln. Warum wohl? Die gesamte Natur zeigt sich in Zahlen und Buchstabenmustern. Das hat eine Bedeutung. Du weißt ja, am Anfang der Schöpfung war das Wort und das Wort war bei Gott, und Gott sprach „Es werde Licht" - und es ward Licht.

Wir Schmetterlings-Engel arbeiten mit der kosmischen Ur-Lichtenergie zusammen. Licht ist Information und Buchstaben bilden Schwingungen, aus denen sich schöpferische Formen bilden. Die Schmetterlingsfalter, wie ihr sie kennt und wir Schmetterlings-Engel bilden eine Einheit, wir zeigen uns in unterschiedlichen Frequenzen.

Wir sind die Zyklusgeber der Natur. Wir sind auch die Formgeber deiner Buchstaben-Kombinationen, mit denen du deine Lebens-Geschichte schreibst. In der Tat, wählst du in jeder Sekunde Buchstaben des Alphabets, aus denen sich deine Geschichten formen. Jede kleinste Abweichung von deiner ursprünglichen Norm, bewegt unseren Flügelschlag in eine neue Richtung. Wir sind Wandler der Formen. Alle Elemente von Geist und Materie transformieren sich durch unseren Flügelschlag.

Das Leben deiner Kultur besteht aus 26 Buchstaben. Deine Gefühle wählen die Buchstaben, aus denen du Worte formst, Sätze bildest und die Kapitel deines Lebensbuches schreibst. Ohne Buchstaben könntest du keine Begriffe formen, du hättest keine Möglichkeit dich auszudrücken. Die Buchstaben und ihre Zusammensetzungen aktivieren die kosmischen Manifestationskräfte.

Wie viele Lovestorys hast du schon in deinem Leben geschrieben und wie viele Geschichten berichten von Leid und Schmerz?

Ihr Menschen habt eure Geschichten fest in das Gefüge des Lebens eingemauert, deshalb scheint es schwer, die Lebensbuchstaben einfach wie Rosinen wieder herauszupicken, denn der Zement ist härter geworden als Stein.

Bei der kleinsten Wellenbewegung habt ihr Angst, euer Lebensgerüst würde zusammenbrechen. Viele von euch stecken noch in dieser Angst-Matrix.

Wir verstehen euch. Wir lieben euch. Wir sind gekommen, um euch zu zeigen, wie man loslässt. Das ist ein bisschen wie ausatmen und sterben, aber im gleichen Moment, wenn ihr wieder einatmet, werdet ihr neu geboren - in einen neuen Abschnitt des Lebens.

Bisher habt ihr eure Wirklichkeit aus einem linearen Bewusstsein erschaffen. Die Transformation über die Buchstaben hingegen vollzieht sich über Entsprechungen. Oder hast du dir schon mal Gedanken darüber gemacht, welchen Buchstaben du nun als nächstes wählen möchtest? Es ist vielmehr so, dass deine Gefühle wählen und nicht der Verstand.

Die Buchstaben stehen in Zusammenhang mit Farben, mit Tönen und mit Geometrie. Jeder Buchstabe versetzt die

Zellen deines Körpers bis in die DNA hinein in neue Schwingungen. Das gesamte Universum reagiert darauf.

Deine Gefühle sind der Magnet, mit denen du neue Buchstaben anziehst. Deine Gefühlsebene ist fähig, neue biologische Prozesse in Gang zu setzen, indem sich neue Buchstaben zu einer neuen Lebensgeschichte formen.

Wir Schmetterlings-Engel helfen dir, Entsprechungen und verwandte Schwingungen zu erkennen. Das kannst du spüren, wenn du einem Liebespaar begegnest und dabei selbst Glücksgefühle empfindest. Dein Körper kann nicht unterscheiden zwischen dir und den anderen. Wenn du die Glücksgefühle beibehältst, ergeben sich Situationen in deinem Leben, die dir weitere Glückserfahrungen bescheren.

Wir Schmetterlings-Engel tanzen in anderen Raum- und Zeitdimensionen als ihr. Wir helfen dir, das Neue zu fühlen, damit du es bewusst manifestieren kannst. Wenn du es nicht fühlst, kannst du es nicht erschaffen. Du brauchst also neue Gefühlsimpulse zur Verwirklichung einer neuen Lebenssituation – mental – emotional –physisch.

Es ist wichtig, dein Leben nicht so sehr zukunftsbetont, sondern im Jetzt zu gestalten. Im Jetzt bündelt sich die Energie von Vergangenheit und Zukunft. Das bedeutet dreifach mehr Potenzial und Möglichkeit. Alleine schon mit dieser neuen Größenordnung kannst du ganz andere Gefühle hervorbringen und neue Buchstaben wählen, einfach weil du dich ermächtigter und freier fühlst.

Sei dankbar!

„Wir Schmetterlinge sind uns bewusst, dass das Leben selbst ein Geschenk ist. Wir leben in einer Dimension von Freude. Gibt es mehr, worüber wir dankbar sein könnten!

Wir wissen, dass Freude immer wieder neue Freude bringt. Das ist ein Kreislauf.

Und hier ein paar Vorschläge zur inneren Reinigung:

- *Trenne dich von allem, was nicht zu dir passt.*
- *Lass die Dinge los, die du nicht wirklich brauchst.*
- *Verabschiede dich von allem, was Energie raubt.*
- *Werde frei wie ein Schmetterling.*

Als wir noch eine Raupe waren, wussten wir nicht, was ein Schmetterling ist, aber wir fühlten, dass ein neuer Prozess tief in unserem Inneren wirkte. Als Raupe hatten wir Angst. Unser Immunsystem spielte verrückt. Wir wollten alles absichern und bekämpfen, was unsere Weltsicht bedrohte. Doch dann gab es einen Moment, wo wir uns einfach in die Energie der großen Ur-Mutter, der Schöpferin der Welten, hineinfallen ließen.

Wir erinnerten uns, dass wir aus der schöpferischen Energie der Ur-Mutter hervorgegangen sind, uns durch sie entfaltet haben und nun zurückkehren in ihren mütterlichen Schoß, um neu geboren zu werden. Das war der Augenblick unserer Ver-Wandlung.

Wir erkannten, dass es nur eine einzige Zeit gibt, nämlich genau diesen Moment. Nur dieser Augenblick, das Jetzt, hat die Kraft, sich in die Ewigkeit auszudehnen. In der Ewigkeit sind alle Wesen frei.

Im Jetzt bist du vernetzt, mit allem was du brauchst".

Die drei Aspekte des Menschen

„Wir möchten dir sagen, dass du drei Bewusstseins-Aspekte hast: das ist deine Licht-Natur, deine Atem-Natur und deine Mensch-Natur. Diese drei Aspekte werden durch das Herz der Liebe zusammengefügt.

Stelle dir ein Dreieck vor. Jede Seite des Dreiecks steht für eine deiner drei Naturen.

Alle drei Naturen sind gleichwertig, alle sind miteinander verwoben. Erlaube, dass sie gemeinsam einen Gleichklang bilden in deinem Herz. So aktivierst du deine Schöpferkraft.

Hier bieten wir eine schöne Übung zur Transformation deiner Schöpferkraft an.

Schmetterlings-Übung zur Schöpferkraft

- Lege das Dreieck in die linke Hand (Licht, Atem, Schöpfung)
- Lege die Liebe deines Herzens in die rechte Hand.
- Nun führe beide Hände vor dem Herzchakra in Gebetshaltung zusammen.
- Sage: „Jetzt in diesem Augenblick ist alles in Ordnung".
- Halte die Hände solange vor dem Herzen, bis alle Energien in beiden Händen miteinander verschmolzen sind.
- Verweile, bis sich ein angenehmes Gefühl der Geborgenheit in dir ausbreitet.
- Nun nimm langsam deine Hände wieder auseinander. Beginne unten am Handrücken und dann vorsichtig bis zu den Fingerspitzen.
- Bewege dabei deine Hände wie Flügel, die sich vorsichtig ausbreiten wollen.

- Wenn du fühlst, dass du beide Hände an den Fingerspitzen auseinandernehmen kannst, dann lass los und breite deine Arme mit offenen Händen aus.

- Breite dabei deine Arme weit aus. Dein Brustkorb dehnt sich.

- Schwinge die Arme vor und zurück, dein Brustkorb dehnt sich dabei noch weiter.

- Spüre, wie sich eine neue Energie zwischen deinen Händen ausbreitet.

- Das ist die Schmetterlings-Energie, die Schwingung der sechsten Dimension, die Energie der Freude.

- Freude ist das Feld deiner höchsten Manifestationskraft. In diesem Feld kannst du neue Schöpfungen jenseits der Dualität hervorbringen.

- Dehne deine Arme noch weiter aus, wie die Flügel eines Schmetterlings.

- Fühle, wie du eine neue Wirklichkeits-Matrix erschaffst.

- Erkenne dein inneres Licht, deinen göttlichen Atem und die Schöpfung, die du bist – erkenne dein göttliches Menschsein.

- Alle drei Aspekte dürfen in deinem Herzen miteinander tanzen. Du bist das Licht-Potenzial, der schöpferische Atem und die Schöpfung, die in Liebe entstanden ist.

- Alles ist jetzt, alles ist gleichzeitig, es gibt keine Trennung durch die Zeit.

- Du bist ein göttlicher Mensch, Gott kann sich in seiner Schöpfung, die du bist, entfalten.

- Deine Lebensgeschichte kann nun ein neues Kapitel beginnen. Setze dieses Kapitel vor das bereits bestehende Kapitel, damit wirst du eine neue Zukunft erfahren. Im Jetzt.

- Nimm deine Arme wieder an den Körper und beende die Übung. Danke, danke, danke.

- Du besitzt die Herzensmacht, mit der du dich verwandeln kannst. Fühle deine göttliche Natur. Wir Schmetterlings-Engel sind deine Ahnen, aus den Urzeiten der Existenz".

4. Wegweiser

Dein innerer Computer

„In eurer technischen Welt besitzt fast jeder einen eigenen PC. Du besitzt auch einen inneren Computer, in dem deine gesamten persönlichen Lebensdaten verschlüsselt abrufbar sind. Das sind deine unterschiedlichen vernetzten Lebensprogramme.

Und wie im normalen Leben auch, muss dein innerer Computer täglich auf neue Viren überprüft werden. Es gibt immer mehr Viren und Hacker, die mit vielerlei Tricks versuchen, deine Programme zu stören und Deine Daten zu knacken.

Die Hacker, das sind deine eigenen unbewussten Gedanken, die ständig durch deinen Kopf wandern. Das sind schätzungsweise 64.000 Gedanken täglich. Du kannst dir vorstellen, wie machtvoll dein Manifestationsspektrum ist. Denn jeder einzelne Gedanke wird geschaffen, um sich voll und ganz in deinem Leben zu manifestieren. Vor allem die unbewussten Gedanken, das sind 95% deines Bewusstseins. Die unbewussten Gedanken sind zum größten Teil mit Negativprogrammen beladen.

Wenn dann von außen noch unangenehme Gefühle ausgelöst werden, solltest du bewusst aufpassen, worauf du gerade deine Gedanken lenkst. Aus diesem Grunde installieren wir hier so etwas wie ein Anti-Virenprogramm. Das hilft dir, immer wieder deine Kräfte zu stabilisieren und deine persönliche Entfaltung bestmöglich zu gestalten.

Das innere Anti-Virenprogramm installieren:

- *Triff am besten gleich morgens nach dem Aufwachen die Entscheidung, dankbar für das Geschenk des heutigen Tages zu sein. Nimm dir vor, dass es ein freudiger Tag wird. Trage wunderbare Visionen in den Alltag hinein und stelle dir dabei vor, dass dich jede Erfahrung an diesem Tag glücklicher macht.*

- *Sobald du merkst, dass du nicht glücklich bist, nimm sofort eine Korrektur vor. Denke: „Jetzt in diesem Augenblick ist alles in Ordnung". Halte einen Moment inne und spüre, wie sich ein innerer Richtungswechsel vollzieht.*

- *Erde dich. Verbinde dich gut mit der Erde. Das löst Spannungen, du kannst positiver sein und dein „Computer" ist sozusagen vor Virenangriffen geschützt.*

- *Beobachte deine Gedanken, lass sie vorbeiziehen, ohne anzuhaften. Verstricke dich nicht in Gedankenschleifen. Solange du beobachtest, kannst du Gedanken bewusst neu wählen. Und Viren können nicht so leicht angreifen.*

- *Beobachte, ohne dich zu identifizieren. Bleibe frei von Bewertungen. Entscheide dich bewusst für Selbstliebe und Freude. Dann beginnen diese Energien, sich in dir zu entfalten.*

- *Sei dankbar für die Arbeit, die du verrichtest.*

- *Sei deinen Kollegen dankbar, dem Chef, den Geschäftspartnern oder Kunden. Wenn du dankbar bist, wird die Alltagswelt dir das spiegeln.*

- *Einfach mal grundlos am Tag laut lachen. Das befreit. Du brauchst nicht zu warten, bis es Grund für gute Laune gibt. Lache, weil du es willst. Mit dieser Übung gibst du dir die Erlaubnis, zu fühlen, was DU fühlen willst und löst dich aus der Fremdbestimmung.*

- *Denke daran, wie großartig du bist. Du bist ein wundervoller Mensch. Vielleicht möchtest du sagen: „Ich denke jetzt wie eine attraktive Frau.... oder ... Spüre nach, mit welchen Merkmalen du deine Großartigkeit demonstrieren möchtest. Sage das immer wieder, solange bis dein Körper es glaubt.*

- *Positive Gefühle verändern deine neuronalen Vernetzungen im Gehirn.*

Die intelligenten Kräfte des Lebens reagieren darauf und bringen das Gefühl als reale Erfahrung in dein Leben.

So veränderst du deinen inneren Computer und schützt dich vor Virenangriffen und Hackern".

5. Wegweiser

Das Rückgrat

„Auch der Rücken, also deine Wirbelsäule, ist ein wichtiger Faktor für Transformation und spielt bei der geistigen Heilerarbeit im Quantenfeld der Schmetterlinge eine wesentliche Rolle.

Doch vielen von euch wurde in der Kindheit symbolisch das Rückgrat gebrochen. Ihr solltet gehorchen und tun, was die anderen sagen. Oft habt ihr dabei seelische Schmerzen erlitten.

Kannst du dich noch an deine Kindheit erinnern? Vielleicht trifft der eine oder andere Punkt auch auf dich zu.

- *Mit deinen kleinen Händen wolltest du alles anfassen und erkunden. Hast die Wände beschmiert, es sollten Gemälde sein und dich dabei ganz schmutzig gemacht. So manches Mal hat man dir auf die kleinen Finger geschlagen, weil du eben nicht alles anfassen solltest.*

- *Wie stolz bist du mit deinen kleinen Füßen umher gesprungen, wolltest überall hin, bist manchmal gepurzelt und dann wieder aufgestanden. Hast neugierig in alle Ecken geschaut. So manches Mal hat man dich grob weggezogen, weil du eben nicht überall hingehen solltest.*

- *Mit deinen kleinen Ohren hast Du überall hin gelauscht. Nicht immer alles verstanden und sooo viel nachgefragt.*

Mama was ist das und warum ist das so. So manches Mal hat man dir den Mund verboten, weil du mit deinen Fragen schrecklich genervt hast.

- *Mit großen klaren Augen unschuldig ins Leben geschaut und Dinge gesehen, die du nicht verstehen konntest. Und so manches Mal hat man dich barsch angeschrien, da schaut man nicht hin, das sollst du nicht sehen.*

- *Mit offenem Herzen zu den Menschen hochgeschaut, ihnen die Seele gezeigt, wolltest Liebe geben und dich an jedem erfreuen. Dann bist du traurig geworden und hast dich verschlossen, weil keiner dich verstand und nichts von Elfen und Zwergen wissen wollte. So manches Mal hat man dich ausgelacht und dabei die Seele verletzt.*

- *Ausgelassen bist du durch dein Kinderleben getanzt, hast vor Vergnügen gequietscht und gelacht. Dann musstest du lernen dich zu beugen, um zu zeigen, dass du ungehorsam warst und hast all die Kinderstrafen erleiden müssen.*

So hat das Leben von vielen Kindern ausgesehen. Die Erfahrungen der Vergangenheit wirken immer noch nach. Und zeigen sich heute in deinem Rückgrat.

Aus diesem Grund haben viele Menschen den Zugang zu ihrer wahrhaftigen Größe verloren. Sie haben sich an die Normen der Erziehung angepasst. Wurden durch die Vorbilder der Familie und die Erwartungshaltung der Lehrer geprägt.

Manch einer hat beschlossen, die Wahrheit zu verleugnen. Heute ballt er die Hände zusammen und hält den Atem an, weil er glaubt, sich so besser anpassen zu können. Viele Menschen haben sich verkrampft. Sie leiden an den Folgen von Fehlhaltung und Überbelastung. Die Angst vor Strafe sitzt immer noch fest „in ihrem Nacken".

Die Wirbelsäule – dein Lebensgerüst

„Im feinstofflichen Bereich deines Körpers, entlang der Wirbelsäule, befinden sich deine Chakren. Das sind Energiewirbel, die alle einen wesenseigenen Bezug zu deinen Lebensaspekten haben. Sie stehen auch in direktem Zusammenhang zu deinen Organen und körperlichen Funktionsabläufen. Nicht zuletzt stellen deine Chakren die Verbindung zur Seelenebene her.

Wenn du dir deinen Körper als ein Musikinstrument vorstellst, dann sind deine Chakren die einzelnen Töne dieses Instruments. Die Wirbelsäule mitsamt der Chakren ist für deine spirituelle Entwicklung das A und O", sagen die Schmetterlings-Engel.

Die Übungen zum spirituellen Aufbau der Wirbelsäule findest du im 10. Wegweiser unter „Chakra-Power-Training.

Wir wenden uns vorerst deinem Inneren Kind zu.

6. Wegweiser

Dein Inneres Kind
Mittler zwischen dem Irdischen und der Seele

Dein Inneres Kind steht in direkter Verbindung zu deinen Kindheitserfahrungen.

Sicherlich kennst du dein Inneres Kind. Es befindet sich im Energiebereich deines Unterbauchs, dort wo dein zweites Chakra ist, also zwei Finger breit unter deinem Bauchnabel.

In diesem Bereich ist auch deine Sinnlichkeit und deine Schöpferkraft ansässig. Deine Emotionen haben hier ebenfalls ihren Platz. Dein zweites Chakra ist ein ganz wichtiges Lebensfeld, indem sich deine sinnliche Erfahrungswelt abspielt. Es ist sozusagen die Zentralstelle für Sinneserfahrungen und deren gefühlsmäßige Zuordnung.

Dein Inneres Kind im Unterbauch ist auch ein Mittler zwischen dem Irdischen und deiner Seele. Es ist sozusagen der Regisseur, der die Themen deines Lebens auf der Gefühlsebene regelt und diese Erfahrungen mit der Seele abgleicht.

Dein Inneres Kind und du - ihr seid eine Einheit!

Du kannst dir vorstellen, welche Auswirkungen deine kindlichen Erlebnisse haben, denn dein Inneres Kind ist eng verbunden mit dieser Erfahrungswelt.

Schaffe eine neue Verbindung zu deinem Inneren Kind.

- Schenke deinen Gefühlen Wertschätzung.
- Nimm dir Zeit, zu spüren, was da ist.
- Sei öfter mal lustig und hab viel Spaß.
- Bewerte andere nicht, denn alles darf sein.
- Frag dich, was du wirklich brauchst.
- Nimm dich symbolisch in den Arm
- Sag dir, dass du dich so liebst, wie du bist.

Merkst du, wie sich dein Inneres Kind freut? Dein Unterbauch kann sich entspannen und wird freier. Sogar deine Wirbelsäule fühlt sich beweglicher an. Du bist sozusagen in Flow mit dir selbst.

Selbstbefreiung

7. Wegweiser

Die Medialität

Was versteht man unter Medialität?

Der Begriff „Medialität" ist eine Ableitung des lateinischen Wortes „Medium" und bedeutet „Mitte". Um ein Mittler zwischen der irdischen und der geistigen Welt zu sein, musst du in deiner Mitte ruhen. Auf dieser Grundlage kann dein Inneres Kind Verbindungen zwischen Gefühl und Kopf herstellen, du kannst mit *beiden* Ebenen kommunizieren.

Wir werfen jetzt einen Blick in das Abenteuer der Medialität und schauen uns an, wie die einzelnen Aspekte deines Bewusstseins miteinander kommunizieren.

Sicherlich hast du schon bemerkt, dass eine Kapelle eine andere Atmosphäre hat als ein Supermarkt. Du spürst die Energien der Räume.

Als Wahrnehmungsinstrument benutzt du deine fünf Sinne plus den sechsten Sinn. Das ist dein inneres Wissen, das sich durch die Verbindung zur Seele aufbaut. Mit deiner sinnlichen Wahrnehmung erspürst du die unterschiedlichen Lebensfelder. Alle Situationen, die in einem Raum stattgefunden haben, hinterlassen einen unverkennbaren Stempelabdruck. Du kannst dich sogar auf Ereignisse einstimmen, die Jahre zurück liegen, an anderen Orten stattgefunden haben oder sogar in vergangenen Leben.

Mir deiner medialen Sinneswahrnehmung spürst du, was sich hinter den Kulissen des Lebens abspielt.

Reale und mediale Sinneswahrnehmung

- hören   -   lauschen
- fühlen   -   empfinden
- sehen   -   wahrnehmen
- riechen   -   schnuppern
- schmecken -   kosten
- wissen   -   erkennen

Mediale Sinne schulen – eine Übung:

- Betrete dein Wohnzimmer mit deinen alltäglichen Gefühlen. Du wirst feststellen, dass du zuerst die Formen im Raum siehst, du merkst also, was alles im Zimmer steht. Wenn du aufmerksam bist, wirst du merken, wie du jeden Gegenstand blitzschnell innerlich bewertest. Das sind deine normalen Alltagswahrnehmungen, die zum größten Teil unbewusst ablaufen.

- Nun betrete dein Wohnzimmer mit medialer Sinneswahrnehmung. Du beschließt, ausschließlich die Farben zu sehen. Jetzt wirst du bemerken, dass deine Augen nur die Farben registrieren, deine Augen bleiben an einer Farbe hängen. Verweile an der Farbe, die dich anzieht, bleibe innerlich leer, werte nicht.

- Du wirst spüren, wie du die jeweiligen Farben in dich hinein saugst. Dein Körper holt sich die Farben, die er braucht. Wenn du dich satt gesehen hast, dann lass deine Augen intuitiv zur nächsten Farbe gleiten. Nimm die Farben wieder innerlich über die Augen auf, solange bis du satt bist. Wiederhole das bis du spürst, dass du genug hast. Du brauchst für diesen Moment keine weiteren Farben mehr.

- Mit dem Farbensehen trainierst du deine inneren medialen Sinne, du erschließt dir ein erweitertes, grenzenloses Spektrum. Pflege diese Übung einmal täglich für einige Minuten.

Medialität und das Wissensfeld

Wenn du deine medialen Sinne trainierst, gelingt es dir leichter in eine „Nullpunktzone" einzutreten. Deine Sinnesorgane sind der Türöffner zum universellen Wissensfeld des Lebens. Man nennt dieses Feld auch den Hyperraum. Hier sind alle Ereignisse des Lebens grenzenlos miteinander vernetzt. Ähnlich wie im Internet.

Dieser „Raum" bietet dir Zugang zu Bereichen, die dir im Alltagsbewusstsein versperrt sind. Deshalb ist es wichtig, innerlich einen bestimmten Zustand einzunehmen - wie beim Farbensehen. Mit einer solchen „medialen" Haltung kommst du an verborgene Informationen, die dir sonst im Alltag verschlossen bleiben.

Denke daran: Bleibe gut geerdet, sei ganz neutral, erwartungslos und hingebungsvoll, verbunden mit deinem Inneren Kind. Auch deine Selbstliebe ist wichtig, um sicher im Wissensfeld zu „surfen".

Überlege dir, was du wissen möchtest, bevor du in das Wissensfeld eintauchst. Stelle eine Frage und sage „danke". Du weißt, die Schmetterlinge sagen, *„Dankbarkeit kommt immer zuerst"*.

Die Botschaften aus dem Wissensfeld kommen in Form von Entsprechungen oder Sinnbildern. Wenn du den Wolken nachschaust, siehst du ihre Bewegungen, ohne dass du an irgendeiner Wolke hängen bleibst Wolken wandeln schnell ihre Formen. Du gibst dich beim Beobachten einem Flow hin.

Nach einer Weile spürst du, wie sich die Energien verdichten, deine Empfindungen werden sensibler und du spürst, dass etwas kommen will. Das können Bilder sein, Erkenntnisse, Farben, Worte, Gerüche und anderes. Verweile darin, bis sich diese Wahrnehmungen als Botschaften verdeutlichen.

Wenn du die Botschaften nicht klar interpretieren kannst, dann sage nicht, dass du es nicht verstehst. Vielmehr bitte darum, dass du die Erkenntnisse noch deutlicher empfangen möchtest. Sprich deinen Wunsch in das Wissensfeld hinein.

Deine Intuition führt dich genau zu den Erkenntnissen, die du suchst. Es ist dann wie ein Aha-Erlebnis. Wenn du einen Bezug zu Engeln hast, spirituellen Meistern, Naturwelten und anderen geistigen Wesenheiten wirst du ihnen als Verbündeten im Wissensfeld begegnen.

Wissensfeld und Hyperraum sind eins

Eine andere Bezeichnung für „Wissensfeld" ist „Hyperraum". Unter diesem Begriff versteht man eine Erweiterung des dreidimensionalen Bewusstseins-Raumes. Man betritt damit auch ein Quantenfeld und kann neue Visionen verwirklichen.

Die Aufgabe eines Mediums besteht nicht unbedingt darin, die Zukunft zu weisen, vielmehr hilft ein Medium, die möglichen Ströme der Zeit, bzw. Ereignisse zu erkennen. Das sind, wie gesagt, nur Wahl-Möglichkeiten im Zusammenhang mit der aktuellen Tagesschwingung. Wenn sich der Mensch ändert, werden sich auch die Gegebenheiten ändern.

Mit deinen Impulsen gibst du deinen Klienten die Möglichkeit einer erweiterten Sicht, mit der sie ihr Leben schöpferisch weiter gestalten oder auch ändern können.

Es gibt so viele Weissagungen über unsere Zukunft. Das sind, wie gesagt, nur Möglichkeiten. Wenn wir Menschen uns grundlegend neu entscheiden, wird sich die Realität ebenfalls verändern.

Das Wissensfeld des Lebens bzw. die Kommunikation im Hyperraum ist also kein Zeitvertreib, sondern eine wichtige Inspirationsquelle für ganz neue Visionen. Wir Menschen wurden nicht umsonst von der Natur mit medialen Gaben ausgestattet.

Gerade für unsere neue Zeitentwicklung, mit der wir noch keine Erfahrungen haben, kann uns das Wissensfeld wertvolle Hinweise geben, weil wir über die Gefühlsebene arbeiten und nicht mit unserer linearen Logik.

Der Hyperraum beantwortet unsere Gefühle mit eigenen Entsprechungen. Damit wird der Hyperraum ein Ort für erweiterte Informationen und auch ein Ort, in dem wir energetisch manifestieren können.

Spielwiese für Heiler und medial begabte Menschen!

Verwendest du beispielsweise homöopathische Mittel zur Verbesserung einer persönlichen Befindlichkeit, dann stimme dich auf das Feld der Homöopathie ein und bitte um den Transfer der benötigten Essenz. Nutze diese Essenz für dich selbst oder übertrage sie, wie jede andere Energie auch.

Dies ist nur ein Beispiel. Erlaube deinen kreativen Kräften spielerisch zu sein, du wirst von den Impulsen deiner Seele geleitet.

Es ist selbstverständlich, nur im höheren Sinne der Seele zu wirken, weil alle Absichten an den Absender zurückgehen. Ebenfalls sei bemerkt, dass nur Ärzte medizinisch tätig sein dürfen. Wir Heiler wirken als Mittler und Begleiter zum ganzheitlichen Gesundsein.

Alles folgt deiner Absicht

Wenn du z.B. deinen Schlüssel verlegt hast, dann richte deine Aufmerksamkeit auf den Schlüssel, bekunde dass du ihn jetzt findest und dann lass los. Gehe einfach im Raum umher, so wie du innerlich geführt wirst, ohne zu überlegen. Deine Intuition, also deine Medialität, wird dich zu der Stelle führen, wo der Schlüssel liegt. Vielleicht bekommst du den

Impuls, einen Gegenstand hochzuheben, unter dem der Schlüssel verborgen ist.

Medialität gelingt durch die Verbindung zum Inneren Kind!

Verstandeswissen gelingt durch logisches Nachdenken!

Beide Ebenen zusammengeführt, ergeben eine optimale Grundlage für eine geerdete spirituelle Entfaltung.

Kinder und Medialität

Betreten wir noch einmal die Welt der Kinder. Denn Kinder haben noch Zugang zu ihrer ursprünglichen Medialität. Sie begegnen ihrem Schutzengel, ihren inneren Helfern und Gefährten, die ihnen das Leben hier auf der Erde leichter machen und Einblicke in Wissensbereiche gewähren, die die meisten Erwachsenen nicht mehr wahrnehmen können.

Ich erinnere mich an eine Freundin, die sich mit ihren beiden schulpflichtigen Kindern eine Fernsehsendung von Uri Geller angeschaut hatte. Ihre Kinder hatten sich in die Sendung hinein vertieft und waren tatsächlich imstande, genauso wie Uri Geller durch ihre Absicht Messer, Löffel und Gabeln zu verbiegen.

Erstaunt schaute die Mutter auf ihre Kinder und fragte ganz aufgeregt: „Kinder, wie macht ihr das bloß?" Die Kinder antworteten: „Mama, du hast doch gesagt, dass wir Messer, Gabel und Löffel wie Uri Geller verbiegen können. Wir haben das genauso gemacht wie Uri Geller!"

Kinder kennen noch keine Begrenzungen. Sie nehmen alles für bare Münze, was Eltern ihnen sagen. Übersinnliche Fähigkeiten sind für Kinder normale Fähigkeiten.

Je mehr Menschen wieder ihre medialen Fähigkeiten trainieren und ihr Bewusstsein erweitern, desto größere Chancen haben wir, gemeinsam viele positive Veränderungen in unserer Welt zu bewirken.

Mediale Kinder

8. Wegweiser

Das Körperbewusstsein
Analytisch denken und ganzheitlich fühlen

Allgemein gesagt ist unsere linke Gehirnhälfte für das analytische und die rechte Gehirnhälfte für das ganzheitliche Denken zuständig. Analytisch zu denken haben wir im Alltag gelernt. In der Medialität geht es nun darum, „ganzheitlich und vernetzt" zu denken. Sozusagen zwischen den Zeilen zu lesen und Dinge zu erfassen, denen wir allgemein wenig Beachtung schenken.

Hier ist die rechte Gehirnhälfte zuständig, für die Welt der Grenzenlosigkeit, für Energien und Sinneswahrnehmungen. Diese Seite deines Gehirns wird durch dein Körperbewusstsein angeregt.

Damit intuitive Einsichten nicht zu nebulösen Wolkenbildern werden ist es wichtig, aus Intuition und Verstandesdenken eine Synthese zu bilden. Der Verstand kann Botschaften rational einordnen, die höhere Wahrheit einer medialen Botschaft hingegen läuft über körperliches Empfinden ab, wobei die Chakren wesentlich beteiligt sind.

Logik und Intuition treffen sich über die Körperintelligenz, das ist dein Körperbewusstsein!

Auch dein Inneres Kind hat hier eine Schlüsselrolle. Wie du weißt, ist dein Inneres Kind etwas, das deine Gefühle regelt. Je mehr du dein Inneres Kind heilst, je klarer kannst du deine medialen Botschaften in den Alltag integrieren.

Ansonsten steuern Verstand und Intuition ständig voneinander weg anstatt miteinander zu wirken.

Um deine Körperintelligenz weiter zu steigern und in Höchstform zu bringen, brauchst du ein weiteres Puzzlestück - das sind deine Füße. Das lässt dich erkennen, wie Medialität mit unterschiedlichen Bewusstseinsebenen vernetzt ist.

Gehen wir jetzt zu deinen Füßen!

Warum deine Füße so wichtig sind

Hast du schon einmal darauf geachtet, wie du mit deinen Füßen über die Erde gehst? Normalerweise trittst du beim Gehen zuerst mit den Fersen auf den Boden. Stimmt das?

Diese Gangart nennt man Fersengang. Im Grunde genommen ist dies eine Gangart, mit der wir unser Ego stärken. Wenn wir beispielsweise in der Natur sind und barfuß über eine Wiese laufen, ist unser Gang weicher. Wir treten dann in der Regel vorsichtiger und zuerst mit dem Fußballen auf. Auf diese Weise sind wir mehr bei unseren körperlichen Empfindungen und der Erde.

Das Auftreten mit den Hacken ist ein typischer Soldatengang. Mit dieser Gangart sind wir wie genormte Wesen. Wir haben keinen guten Kontakt zum Körperbewusstsein. Unsere Aufmerksamkeit ist im Kopf. Wir sind unbewusst, denken über dieses und jenes nach. Auch unsere Fußreflexzonen, die den Kontakt zu allen inneren Organen im Körper herstellen, werden kaum aktiviert.

Mit dieser Gangart sind wir von unserer intuitiven Verbindung zur Umwelt abgeschnitten. Einfach nur durch die Art und Weise wie wir gehen!

Kinder sind da ganz anders. Sie treten am Anfang ihres Lebens zuerst mit ihren Fußzehen auf. Sie lieben es, auf Zehenspitzen über die Erde zu flitzen. Sie sind noch mit der Erde und ihrer Intuition verbunden.

Von unseren Kindern können wir lernen, die Erde wieder richtig zu spüren. Mit jedem einzelnen Schritt.

Leider ist unser Schuhwerk nicht für den sanften Gang über die Erde gemacht. Du kannst aber einfach mal in deiner Freizeit barfuß über die Wiese oder den Waldboden laufen. Ganz bewusst. Das verstärkt deinen Kontakt zur Erde. Zig Millionen Enden von Nervenbahnen werden dabei aktiviert und geben sensitive Impulse durch den ganzen Körper bis ins Gehirn.

Dein Körperbewusstsein wird aktiviert, dein Inneres Kind wird lebendig und die Verbindung zu deinen beiden vernetzten Gehirnhälften wird ebenfalls verstärkt. Es bedarf nur ein wenig Aufmerksamkeit auf die Füße und schon wird deine Medialität gesteigert.

Du erinnerst dich, Medialität bedeutet Mittler zu sein. Über deine Füße bist du ein Mittler von der Erde zum Gehirn, über dein Inneres Kind findet die Vernetzung mit der Gefühlswelt statt wie auch die Verbindung zur Seele. Ganz schön spannend, was sich innerhalb der Medialität abspielt.

Aus dem Alten Testament kennen wir die Bibelgeschichte, in der Moses vor dem brennenden Dornbusch steht. Von dort hört er Gottes Stimme: *„Moses, ziehe deine Schuhe* *aus, denn du betrittst heiliges Land!"* Wenn wir also den Boden mit unseren bloßen Füßen betreten, kann dies ein Ausdruck von Respekt für die Erde sein.

Die Erde steht symbolisch für die Materie, also das Materielle im Leben sowie unseren Körper. Durch den bewussten Kontakt zur Erde bekommst du ein respektvolleres Verhältnis zu dir selbst.

Über deine Füße findest du eine gute Erdung und gelangst in den Fluss des Lebens zurück. Du kannst besser loslassen und dich von Situationen verabschieden, die du nicht mehr im Leben haben möchtest. So kann Transformation geschehen bei der du dein Schmetterlingsbewusstsein entwickelst.

In der Astrologie entsprechen die Fußsohlen dem letzten Zeichen des Tierkreises „Fische". Zu den Fischen gehören auch gleichzeitig deine beiden Gehirnhälften mit dem Balken als Verbindungsstelle. Wenn man die Gehirnhälften im Röntgenbild von oben sieht, erkennt man eine symbolische Darstellung des Fische-Zeichens.

Stell dir jetzt mal einen Menschen vor, der seine Füße auf den Kopf legt, du erkennst einen Kreis. Fußsohlen und Oberkopf – die beiden Fische-Entsprechungen - berühren sich körperlich. So wird auch hier die Aussage gestärkt, dass die Verbindung zum Boden mit dem Geistigen verbunden ist.

Du als Medium bist der Mittler für die Verbindung von Erde, Mensch und Kosmos, oder anders ausgedrückt von Realität, Körperbewusstsein und Verstand.

9. Wegweiser

Die Chakren und ihre Bedeutung

Jedes Chakra hat eine eigene Farbe und eine besondere Tonschwingung. Die Chakren sind bestimmten Körperorganen und Lebensthemen zugeordnet und repräsentieren die Qualität deines Bewusstseins.

Die Arbeit mit deinen Chakren hebt dein Bewusstsein an und stärkt deine persönliche Entfaltung in allen Lebensbereichen.

Hier ist ein kleiner Überblick über die Zuordnung der Chakren.

Wurzel–Chakra

Zuordnung: Dammbereich; es hat eine Verbindung zum Steißbein, dem untersten Teil der Wirbelsäule und öffnet sich nach unten.

Thema: Urvertrauen, Beziehung zur Erde, Stabilität. Über das Wurzel-Chakra bringst du vitale Lebensenergie von der Erde in dein körperliches und geistiges Bewusstsein.

Polaritäts-Chakra

Zuordnung: Unterbauch; es hat eine Verbindung zum Kreuzbein und öffnet sich nach vorne und nach hinten.

Thema: Sinnlichkeit, Kreativität, Lebensenergie, Emotionen, ursprüngliche Gefühle des Inneren Kindes. Wenn das Polaritäts-Chakra ausgeglichen ist, kommst du in den Fluss des Lebens. Du kannst bewusst schöpferisch wirken.

Sonnengeflecht-Chakra

Zuordnung: mittlerer Bauch; es öffnet sich nach vorne und nach hinten.

Thema: Entfaltung der Persönlichkeit, Eigenmacht, innere Kraft. Über dein Sonnengeflecht-Chakra gewinnst du persönliche Präsenz.

Herz-Chakra

Zuordnung: Mitte der Brust; es öffnet sich nach vorne und nach hinten.

Thema: Liebe, bedingungsloses Sein, Heilung und Transformation. Über dein Herz-Chakra entfaltest du Hingabe und Mitgefühl.

Hals-Chakra

Zuordnung: Kehlkopfbereich; es öffnet sich nach vorne und nach hinten.

Thema: Kommunikation, Selbstausdruck, Offenheit. Über dein Hals-Chakra findest du Zugang zum Äther. Du kommunizierst authentisch und ganzheitlich.

Stirn-Chakra / Drittes Auge

Zuordnung: Über der Nasenwurzel in der Stirnmitte; es öffnet sich nach vorne und nach hinten.

Thema: Innere Sicht, Intuition, Geisteskraft, Manifestationskraft. Dein Stirn-Chakra ist die Verbindung mit deiner höheren Intuition.

Kronen-Chakra

Zuordnung: Oben auf Kopfmitte; es öffnet sich nach oben.

Thema: Universelles Bewusstsein, höchste Erkenntnis. Dein Kronen-Chakra verbindet dich mit deiner Seele.

Chakren in Balance

10. Wegweiser

Chakra-Power-Training

Du weißt schon, dein Köper ist ein Instrument deiner Seele und die Chakren sind einzelne Töne, durch die sich deine Seele mit ihren Seelenbotschaften offenbaren kann.

Mit den folgenden Chakra-Power-Übungen trainierst du deine Chakren, um deine Präsenz im Hier und Jetzt zu stärken.

Das ist eine wesentliche Voraussetzung für deine geistige Heilerarbeit.

Übung für das Wurzel-Chakra: Bauer / Erdung

Nimm Kontakt mit deinem Wurzel-Chakra auf.

- Zieh am besten deine Schuhe aus, um den Kontakt zum Boden besser zu spüren. Mit dieser Übung vertiefst du deine Wurzeln in die Erde hinein.

- Setze dich aufrecht hin, Beine leicht auseinander gestellt.

- Die Füße stehen auf dem Boden.

- Der Kiefer ist locker und entspannt.

- Trommle mit den Fersen sanft auf den Boden. Das erdet dich und du lässt Spannungen los.

- Bewege leicht deine Wirbelsäule.

- Hände sind auf den Oberschenkeln.

- Lenke nun sanft das Becken nach vorne (nur das Becken, der Oberkörper bleibt weiterhin aufrecht).

- Stelle dir vor, wie du deine Kraft in die Erde lenkst.

- Wiederhole das einige Male hintereinander.

- Stell dir vor, urtümlich wie ein Bauer zu sein.

- Zur Verstärkung kannst du sagen: „Bauer". Klopfe zur mit den Händen gegen die Innenseite der Oberschenkel.

- Ganz urtümlich fühlst du damit deinen „inneren Bauern".

- Spüre, wie du dich immer tiefer in die Erde verwurzelst. Fühle dich gut verwurzelt und urtümlich.

Übung für das Polaritäts-Chakra: Sinnlichkeit

Nimm Kontakt mit deinem Polaritäts-Chakra auf.

Mit dieser Übung stärkst du deine sinnlichen Gefühle.

- Stelle dich hin, mit leicht durchgedrückten Knien.

- Lege eine Hand auf den Unterbauch, etwas unterhalb des Bauchnabels, die andere auf den Rücken in gleicher Höhe.

- Der Kiefer bleibt locker, der Mund ist leicht geöffnet.

- Mache kreisende Beckenbewegungen, in Form einer liegenden Acht. Einmal nach links und dann nach rechts, wie beim Bauchtanz. Wiederhole das einige Male.

- Spüre wie du dich körperlich entspannst.

- Blockierte Gefühle lösen sich.

- Du spürst deine sinnliche Natur.

- Dein Inneres Kind wird lebendig.

- Flirte selbstbewusst mit deinem Becken.

In diesem Chakra befindet sich deine Schöpferkraft. Du fühlst dich ganzheitlich locker und entspannt.

Übung für das Sonnengeflecht-Chakra: Eigenmacht

Nimm Kontakt mit deinem Sonnengeflecht auf.

- Du aktivierst nun deine göttliche Eigenmacht.

- Stell dich aufrecht hin. Beine sind leicht auseinander gestellt.

- Standbein steht 5 Zentimeter hinter dem Spielbein.

- Lege die linke Handfläche auf den Rücken, in Höhe des Sonnengeflechts. Die andere als Faust vorne auf das Sonnengeflecht.

- Wenn du Linkshänder bist, dann umgekehrt.

- Kreise mit deiner Faust im Uhrzeigersinn über das Sonnengeflecht.

- Spüre, wie sich hier Kraft aufbaut. Es ist dein Machtzentrum. Fühle deine Eigenmacht.

- Sage laut: "MACHT". Dehne dabei deine Faust selbstbewusst nach vorne.

- Fühle was es mit dir macht. Es ist dein Potenzial (weder gut noch schlecht).

- Es ist ein Zeichen deiner geistigen Potenz, die du zum Wohle aller einsetzen kannst. Macht kommt von machen.

- Gehe diese Übung einige Male durch. Fühle dich als Krieger oder Kriegerin.

Wenn du diese Übung mit einem Partner machst, der dir gegenüber steht, dann wird dein Gegenüber diese Kraft spüren. Es ist die Power deiner natürlichen Autorität.

Übung für das Herz-Chakra: Herzöffnung

Nimm Kontakt mit deinem Herz-Chakra auf.

Das Herz-Chakra ist das Liebeszentrum deines Wesens.

- Konzentriere dich auf dein Herz-Chakra, es befindet sich in der Brustmitte.

- Lege beide Hände auf den Brustkorb, fasse symbolisch in dein Herz-Chakra rein und dehne es ein Stückchen nach außen. Sage lautlos *„Ha!"*

- Öffne dein Herz-Chakra für pure Lebensfreude. Stelle dir etwas Tolles vor.

- Etwas, das sich ständig vermehren kann. Vielleicht ist es ein Lottogewinn... noch einer und noch einer und noch viele Lottogewinne, bis in die Unendlichkeit hinein.

- Mach die Übung symbolisch mit dem Lottogewinn, denn Geld ist eine energetische Frequenz, die sich vermehren kann.

- Mit jedem symbolischen Gewinn öffne dein Herz-Chakra mehr und noch mehr... es soll dir ein Gefühl geben, dass deine Lebensfreude grenzenlos ist.

- Du kannst anstelle von Geld auch eine andere Vision nehmen, es muss nur etwas sein, was sich fließend vermehren kann, bis ins Unendliche.

- Begleite die Herzöffnung jedes Mal durch ein tonloses kräftiges *„Ha"*.

- Wenn du dein Maximum erreicht hast, dehne deine Arme aus. Mache eine Faust, spanne dein Gesäß an und ziehe so viel Lebensenergie wie möglich aus der Erde nach oben.

- Sie soll durch deinen Rücken fließen, vielleicht gibt es dir ein warmes Gefühl. Das ist die Kundalini-Energie.

- Drücke deine Freude aus durch ein lautes *"Haaaa"*.

Der Sinn dieses Übungsabschnitts soll sein, deine eigenen Erd-Schätze über die Wirbelsäule ins Herz-Chakra hochzuziehen.

Fühle dich stark und bedingungslos in deinem Herzen. Freude strahlt über dein Gesicht.

Übung für Hals- und Stirn-Chakra: Radfahrer

Nimm Kontakt auf mit deinem Hals-Chakra und öffne dabei auch dein drittes Auge, das Stirn-Chakra.

Alte Blockaden im Hals können sich lösen. Du kommst in Kontakt mit deiner inneren Wahrheit und Authentizität.

Das dritte Auge – dein Tor zum Kosmos – wird bei dieser Übung mit geöffnet.

- Setze dich aufrecht hin. Lege die Hände locker auf die Oberschenkel, die leicht geöffnet sind.

- Diese Übung heißt Radfahrer, weil du dich in deiner Vorstellung beweglich wie auf dem Fahrrad sitzend umschaust und dabei die Wirbelsäule flexibel dehnst.

- Beuge den Oberkörper leicht nach vorne, der Kopf ist locker leicht nach unten geneigt.

- Nun drücke die rechte Hand von innen gegen den rechten Oberschenkel. Der Oberschenkel drückt dagegen.

- Atme tief ein. Durch den Gegendruck von Hand und Oberschenkel atmest du aus.

- Während du ausatmest, dehne deinen Körper sanft nach links.

- Richte den Körper auf und begrüße mit deiner aufgerichteten Körperhaltung symbolisch einen Freund, sage wieder „Ha".

- Die Füße bleiben dabei fest auf dem Boden stehen.

- Das gleiche auf der entgegengesetzten Seite.

- Wiederhole die Übung dreimal.

- Drehe dich jetzt so weit du kannst schraubenartig nach hinten. In der gleichen Form wie zuvor, also Ausatmen durch Gegendruck von Hand und Oberschenkel.

- Lass den Kopf leicht in den Nacken fallen und stelle dir vor, dass sich dabei dein drittes Auge öffnet.

- Das gleiche auf der anderen Seite wiederholen.

Die Rad-Fahrer Übung dehnt deine Wirbelsäule, macht dich geschmeidig. Du kommst auf diese Weise leichter „aus dem Kopf raus" und kannst dem Körper die Führung überlassen.

Übung für das Kronen-Chakra: Würdeträgerin

Bei dieser Übung aktivierst du dein Kronen-Chakra.

Durch dein Kronenchakra stehst du direkt mit deinem Wurzel-Chakra in Verbindung. Du kannst dich zum Kosmos und der Erde gleichermaßen ausdehnen.

Diese Übung heißt „Würdeträgerin" (oder -Träger), weil du hier eine „Krone auf dem Kopf" trägst und damit deine höhere menschliche Würde ausdrückst. Du begrüßt bei dieser Übung dein "Volk".

Zieh für diese Übung deine Schuhe und Strümpfe aus, damit du einen guten Bodenkontakt hast.

- Stelle dich aufrecht hin. Knie sind leicht gebeugt.
- Die Wirbelsäule ist beweglich wie eine Schlange.
- Dein Standbein ein paar Zentimeter vor deinem Spielbein.
- Lege einen kleinen, leicht gewölbten Gegenstand auf den Kopf als Symbol deiner Krone. (Ich habe hierfür den Deckel eines Keramikgefäßes).
- Das Gefühl, einen Gegenstand auf dem Kopf zu haben hilft dir, dich aufrecht und würdevoll halten.
- Normalerweise fällt der Deckel nicht runter. Sollte er doch runterfallen, musst du deine Haltung korrigieren.
- Nicht denken, sondern leer sein, präsent, im Herzen und gut geerdet.

- Wenn du im Ego bist und denkst, fällt der Deckel runter.
- Schreite im Kreis herum, wie wenn du vor Menschen eine Audienz halten würdest.
- Die Wirbelsäule bleibt beweglich.
- Dein Blick ist sanft. Er geht mit den Bewegungsrichtungen des Körpers mit.
- Achte auf die Blickrichtung deiner Augen. Wenn deine Augen irgendwo hängen, ist das ein Zeichen von Ego, was sich dazwischen schiebt.
- Keine Anhaftungen. Der Kopf hat keine Führung mehr, die Führung kommt jetzt aus dem Körperbewusstsein. Das ist der Sinn der Übung.
- Mit ein bisschen Übung wird es gelingen. Dann macht es richtig Spaß.
- Also noch mal, deine Augen nicht aktiv hin und her bewegen, die Augen folgen vielmehr der Führung des Körpers, der sich im Kreis dreht, um sein Volk zu begrüßen.
- Alles ist fließend. Deine innere Schlange in der Wirbelsäule ist vollkommen im Fluss. Halte den Kiefer entspannt und öffne leicht den Mund.
- Das Lächeln deines Herzens spiegelt sich in deinem Gesicht.
- Gehe mit sanftem Gang über den Boden, indem du zuerst mit den Ballen auftrittst.

- Erspüre den Boden mit den Füßen. Vielleicht hilft dir dabei die Vorstellung, ein Indianer zu sein, der achtsam über die Erde geht.

- Wiege dich (ob Frau oder Mann) leicht in den Hüften.

- Stelle dir vor, dass du während deiner Audienz den Menschen mit einem freundlichen Lächeln Kraft und Mut spendest. Achtung, nicht dabei nicken. Nur der Körper in seiner Ganzheit bewegt sich.

Die Würdeträger-Übung hilft dir, alle Lebensenergien gleichmäßig durch alle Chakren strömen zu lassen. Du bist dann im Flow mit deinem ganzen Körperbewusstsein, die Gehirnhälften sind synchronisiert und die Seelenenergie wird von selbst aktiviert durch die energetische Präsenz.

Mache die gesamten Chakra-Übungen einmal täglich, 10 Minuten insgesamt. Die Übungen sind gleichermaßen ein super Training für deine Wirbelsäule und deine authentische Lebenshaltung.

11. Wegweiser

Schlüssel zur Transformation
Der innere Lichtkanal

Damit du Geistiges Heilen optimal anwenden kannst, brauchst du auch einen guten Lichtkanal. Dieser Kanal dehnt sich wie eine innere Leuchtbahn durch deine Wirbelsäule aus und ist vernetzt mit deinen Chakren, deinem Hormonsystem, den Zellen und Energiefeldern deines Körpers.

Die Energie deines Lichtkanals strömt in zwei Richtungen. Das aufwärtsströmende Licht verbindet dich mit dem Kosmos, das abwärts strömende Licht mit der Erde. Die ersten Vorbereitungen zum Aufbau deines Lichtkanals hast du bereits durch das Chakra-Power-Training geschaffen.

Dein Lichtkanal ist die zentrale Empfangsstation, welche die kosmischen „Melodien" über deinen Körper als Instrument und über die Chakren zum Klingen bringt. Über deinen Lichtkanal bist du mit jedem Bewusstsein in dir und außerhalb von dir vernetzt. Du erfährst dich als Einheit in dir selbst und mit deiner Umwelt.

Dein Lichtkanal dient dir als Toröffner zum Wissensfeld des Lebens. Alle Informationen, die du erhältst, fließen durch diesen Kanal und durch beide Gehirnhälften. Mit der Aktivierung deiner sechs Sinne verfügst du über eine erweiterte Wahrnehmung und bist fähig, von der Erde und dem Kosmos erheblich höhere Lebensenergien als sonst aufzunehmen.

Dein Lichtkanal ist damit eine wichtige Voraussetzung für optimale Transformation und Heilerarbeit.

Wie beginnst du deine Heilersitzung

Setze dich gegenüber von deinem Klienten. Erde dich, indem du mit den Füßen auf den Boden trommelst, fühle deine Selbstliebe. Frage deinen Klienten nach seinem Thema.

Nun lege das Thema symbolisch in deine rechte Hand und führe es hoch zum Seelenstern, das ist ein „achtes Chakra". Die Seele begleitet deine Heilerarbeit.

Anrufung für jede Art von geistiger Heilerarbeit:

- Im Namen der Liebe, kraft meiner kosmischen Autorität, binde ich die Blockaden zum Thema an die Kraft des Heiligen Geistes. Ich bitte darum, dass alle Blockaden im Thema... (des Klienten) das Bewusstsein (des Klienten) verlassen.

- Ich bitte, das Thema zu lieben, zu heilen, zu verstehen, Karma aufzulösen und das Samenkorn der Liebe, der Schönheit, der Perfektion und Harmonie hinzuzufügen. Danke, Danke, Danke.

Fühle, wie die Energien dieser Anrufung wirken. Spüre was bei deinem Klienten passiert und unterstütze den Prozess, indem du mit den Händen die Energien in der Aura bewegst. Wenn Botschaften hochkommen in Form von Bildern, Gefühlen oder Erkenntnissen, dann teile sie mit.

Kommuniziere mit deinem Klienten, ob die Informationen Sinn machen. Dann mache die Energiearbeit weiter.

- Sage deinem Klienten, dass jetzt in diesem Augenblick alles in Ordnung ist.
  Erinnere dich an die Schmetterlingsbotschaft.

- Nun vertiefe die Sitzung, indem du mit deinem Klienten die nachfolgende Übung zur Transformation machst.

Energiepfad zur Transformation

Mit den folgenden Schritten baust du gemeinsam mit deinem Klienten (oder für dich selbst) einen Pfad zur Transformation auf. Der Pfad wirkt wie bei einem Computer: Wenn ein Programm aktiviert wird, beginnen die einzelnen Schritte zur Transformation zu wirken.

- Vertiefe die Erdung noch einmal, indem du mit den Fersen auf den Boden trommelst.

- Verbinde dich dabei bewusst mit der Erde und sagen: *„Danke, dass ich dienen darf".*

- Die Erde antwortet dir. Spüre in dich hinein.

- Du merkst wie Energie von unten nach oben aufsteigt, direkt in dein Herz-Chakra in der Mitte deines Brustkorbs.

- Wenn du die Herzensenergie spürst, sage leise zu dir selbst: *„Ich liebe mich".*

- Spüre deine Selbstliebe. Ansonsten noch ein paar Mal mit den Fersen auf den Boden trommeln, um den Energiefluss von der Erde zu deinem Herzen zu verstärken.

- Bilde nun mit deinen Armen eine Waage. Die Handflächen zeigen auf Höhe des Herz-Chakras nach oben, die Unterarme schräg nach außen gewinkelt.

- Beweg die Arme abwechselnd ein wenig auf und ab. Wie eine Waage.

- Stelle dir vor, dass das Problem des Themas in der linken Hand ist und das positive Ziel deines Themas in der rechten Hand ist. Wiege die Arme leicht auf und ab.

- Während du die Arme wie eine Wage auf und ab bewegst bekunde: *„Es ist weder gut noch schlecht, es ist so wie es ist. Und weil es so ist wie es ist, ist es in der kosmischen Ordnung, dass es so ist wie es ist".*

- Fühle wie die Dualität sich bei deinem Klienten bzw. in dir auflöst.

- Du befindest dich jetzt mehr in deiner inneren Mitte.

- Dein Denken kommt immer mehr zur Ruhe.

- Lege nun eine Hand auf das Herz-Chakra und die andere Hand auf den Unterbauch.
  Du erinnerst dich, hier im Unterbauch ist der Sitz deines eigenen kleinen Kindes.

- Spüre die Energie des Unterbauches. Fühle die Präsenz deines Inneren Kindes.

- Hier sind auch deine Emotionen (Dualität) angesiedelt.
- Dein Inneres Kind ist voll und ganz mit den Erfahrungen der Kindheit verbunden.
- Wenn diese negativ waren, hast du jetzt Möglichkeiten, sie aufzulösen, entsprechend deines Themas.
- Sage zu deinem Inneren Kind: *"Wir beide sind ein Team. Wir lieben uns in guten und in schlechten Zeiten. Wir lieben uns bis in alle Ewigkeit"*.
- Mit diesen Worten kann sich dein inneres Kind entspannen.
- Auch dein Unterbauch entspannt sich.
- Je mehr du dich entspannst, je mehr kannst du Leid und Verlust zu deinem Thema transformieren.
- Es geschieht von selbst.
- Nimm nun die Hand vom Unterbauch weg und lege sie mit der Handfläche nach unten auf deinen Oberschenkel.
- Führe jetzt die andere Hand von unten nach oben durch alle sieben Chakren hindurch.
- Stelle dir dabei vor, dass du jetzt alles raus schaufelst, was du nicht mehr brauchst (Sorgen, Ängste, Nöte, Stress, Konflikte).
- Führe den Arm nach oben, die Handinnenfläche ist ebenfalls nach oben gerichtet.

- Sage zum Kosmos: „Das brauche ich nicht mehr".
- Spüre, wie die Energien sich von der Handfläche lösen.
- Bitte den Kosmos um die Energie des Synchronisationsstrahls, das ist der Gleichklang, der die Energien der Dualität ablöst.
- Die Energie des Synchronisationsstrahls kommt aus der kosmischen Lichtquelle der Zentralsonne.
- Bringe die Energie über deine Fingerspitzen in deine Chakren hinein.
- Fülle deine Chakren mit dieser neuen kosmischen Energie auf.
- Lege die Hand ebenfalls auf deinen Oberschenkel.
- Spüre, wie die Energie des Gleichklangs durch dich hindurch in die Erde fließt.
- Bleibe im Fluss der Energien.
- Spüre die Transformation des Themas.

Verweile in dieser Energie, bis du dich rundum wohl fühlst.

Mache die Übung (für dich selbst) am Anfang täglich, um den Pfad in dir gut zu verankern. Später kannst du ihn für die Heilerarbeit nutzen, um Themen zu transformieren. Wenn du die Übung mit deinem Klienten machst, dient sie dir als Methode zur Transformation von Konflikten.

Wenn die Sitzung beendet ist, sage dreimal „Danke".

Themen für Transformation:

Du unterstützt deinen Klienten, damit er sich von innen her regenerieren kann. Ängste, Ohnmacht, Schuldgefühle, Sorgen u.a. sind Blockaden, bei denen du den Transformationspfad anwenden kannst. Es geht darum, das Konfliktthema aufzulösen und in einen Zustand der inneren Gelassenheit zu kommen.

Wenn sich dein Klient selbst lieben kann und gut geerdet ist, können sich die selbstregenerierenden Kräfte aktivieren und neue Lösungen zeigen sich.

Ziel für Geistiges Heilen und Transformation:

Deinen Klienten Wege zur eigenen Schöpferkraft zeigen. Aus dem Bewusstseinsfeld von Ursache und Wirkung aussteigen.

Verbinde dich mit der Schmetterlingsenergie, lass diese Energie zu deinem Klienten hinströmen, sage: *„Jetzt in diesem Augenblick ist alles Ordnung"*. Unterstütze deinen Klienten, dass er die Schmetterlingsenergie spürt. Sage ihm, dass er klare Visionen schaffen kann, um der Körperenergie eine neue Richtung zu ermöglichen.

Begleite deinen Klienten individuell bei seiner persönlichen Entwicklung und Neuausrichtung. Zeige ihm, wie er mit den Herausforderungen im Alltag besser umgehen kann. Zeige deinem Klienten, wie er begrenzende Glaubensmuster auflöst und sich in seine wahrhaftige Größe entwickelt.

Verlauf einer Sitzung

Hier möchte ich dir noch ein weiteres wirkungsvolles Ritual vorstellen. Es ist eine Gebetsheilung und lautet:

„Gesund, vollständig, intakt, vernetzt, Ursprungs-Energie".

Dies ist ein sehr altes Ritual. Man sagt, dass dieses Ritual im alten Ägypten symbolisch als "linkes Auge des Horus" auf jedem ärztlichen Rezept gestanden haben könnte. Dies war das Zeichen dafür, dass nicht Probleme weggemacht, sondern die Vollkommenheit angerufen wird.

Setze dich deinem Klienten gegenüber.

Beginne deine Sitzung mit der Frage:

„Was kann ich für dich tun?"

Egal welches Thema der Klient hervorbringt, Du antwortest immer: *„Möchtest du im genannten Thema gesund, vollkommen, intakt, vernetzt und mit deiner Ursprungs-Energie verbunden sein?"*. Wenn dein Klient damit einverstanden ist, nimm deine rechte Hand und führe die Worte „gesund, vollständig, intakt, vernetzt, Ursprungs-Energie" ins achte Chakra deines Klienten (den Seelenstern, der 30 cm über dem Kopf liegt).

Du brauchst dabei nicht aufstehen, es reicht wenn du einfach nur deine Hand in Richtung Seelenstern hinauf führst und dann wieder senkst. Damit holst du Seelenenergie herein. Du spürst die Seelenenergie an der erhöhten Schwingung. Du wirkst in das Wissensfeld des Lebens hinein - das geschieht automatisch, wenn du über deinen inneren Lichtkanal mit deinem achten Chakra im Fluss bist.

Durch die Gebetsheilung hast du ein hohes geistiges Heilungsprinzip angerufen. Zusammen mit der Seelenenergie werden alle Schwingungen so gewandelt, dass die ursprüngliche Vollkommenheit hergestellt wird, in dem Maße wie dein Klient das zulässt. Vollkommenheit bedeutet ganzheitliche Gesundheit.

Wenn du möchtest, rufe auch die vier Elemente:

„Feuer, Wasser, Luft und Erde"

zur Heilung hinzu. Visualisiere ein gleichschenkliges Kreuz, oben ist Feuer, unten Wasser, rechts Luft und links Erde. In der Mitte des Kreuzes ist „Äther" als fünftes Element. Man nennt das auch die schöpferische Akasha (oder „Buch des Lebens"). Verbinde dich mit dieser Akasha, das steigert den schöpferischen Prozess beim Geistigen Heilen.

Stärke deinen Lichtkanal, indem du innerlich leer bleibst, beobachtest. Keine persönlichen Gedanken, nichts suchen, nichts finden müssen. Kein Wunsch nach Perfektion. Betrachte, was da ist, wie die Wolken, die am Himmel vorbeiziehen. Nicht anhaften.

Bleibe in dieser Wahrnehmung, bis du merkst, dass sich Energiefelder zu einer Botschaft verdichten. Du merkst das daran, dass du vielleicht bei deinem Klienten an bestimmte Stellen des Körpers hingeführt wirst und du spürst, dass dieser Bereich Heilenergien braucht. Lass Energien strömen, indem du dich auf diesen Bereich konzentrierst.

Wenn du deine Wirbelsäule hin und her bewegst, merkst du, dass die Energien sich verstärken. Wenn die Energien an bestimmten Stellen des Körpers sind, erkennst du die jeweilige Thematik, an den jeweiligen Chakren, die an dieser Stelle sind.

Vielleicht formen sich auch Botschaften. Oder du *fühlst* die Botschaft, du *weißt* sie, kannst sie *riechen*, *hören* oder sogar als energetische Eigenschaft *schmecken*.

Falls die Botschaft für dich unklar ist, vermeide zu sagen, dass du sie „nicht" verstehst, sonst spielt das Wissensfeld des Lebens nicht mehr mit. Besser ist es, zu sagen: *„Bitte die Botschaft noch deutlicher"* oder *„noch lauter"* durchgeben. Darauf reagiert die Seele, die sich ja durch das Wissensfeld offenbaren *will*.

Öffne zwischendurch die Augen und schaue deinen Klienten an, spüre wie es ihm geht, frage ihn, was er fühlt, was er erlebt.

Wenn du spürst, dass der Energiefluss blockiert ist, dann bitte deinen Klienten, sich zu erden, mit den Fußsohlen zu trommeln und sich selbst zu lieben, indem er mit den Händen leicht auf seinen Brustkorb trommelt. Das aktiviert seinen Energiefluss.

Achte darauf, dass du keine Energien vom Klienten übernimmst. Nicht in das Problemfeld der Klienten einsteigen. Empathisch bleiben und innerlich leer. Dich immer wieder erden und selbst lieben. Das stärkt deine energetische Kraft.

Wenn du merkst, dass sich die Energie bei deinem Klienten setzt, kannst du die Seele fragen: *„Was ist der Schlüssel zur Heilung? Was darf der Klient jetzt lernen?"*

Horche in dich hinein, du wirst die Antwort in Form eines Symbols bekommen oder einer Botschaft. Bleibe gelassen, in der Selbstliebe.

Falls es schwierig ist, den Heilungsschlüssel zu erkennen, dann denke an die Natur. Stell dir vor, dass du in den Wald horchst, lauschst, spürst, wahrnimmst, tastest, ahnst... Bleibe neutral und innerlich leer, stelle dich ganz auf das Spüren ein. Nicht rational denken.

Wenn keine Antwort kommen sollte, dann wäre das auch o.k. Mit der Zeit wirst du sicherer werden und auch Heilungsschlüssel für deine Klienten erkennen.

Krankheit und Probleme sind Energien, die wir mit der geistigen Heilerarbeit transformieren können, damit sich das Bewusstsein wieder an die Vollkommenheit erinnern kann.

Wenn die Sitzung fertig ist, spürst du das an den Energien, die sich abrunden. Führe noch ein kurzes abschließendes Gespräch. Erinnere den Klienten, dass er seine Erdung und Selbstliebe zu Hause üben soll, um einen gelassenen harmonischen Zustand aufrecht zu erhalten. Bedanke dich dreimal. Dann bis du „offline".

Die kosmische Acht

Zur persönlichen Transformation erhältst du noch ein weiteres wirksames Werkzeug. Das ist die kosmischen Acht.

Die kosmische Acht ist eine heil-energetische Methode, um jede Form der Transformation zu unterstützen. Du arbeitest hierbei in der Aura:

Denke an das Thema, fühle die Emotion hierzu und dann beginnst du mit der kosmischen Acht zu arbeiten. Bitte nur für den eigenen Gebrauch einsetzen und nicht für die Arbeit mit Klienten, weil es sonst einen Rückfluss der Blockade-Energien gibt.

Die Übung

Die kosmische Acht um den Körper visualisieren

- Beginne an der Außenseite deines rechten Fußes. Male die Acht visuell, z.B. wie eine „Kugelschreiberlinie". Gehe mit der Aufmerksamkeit vom rechten Fuß runter in die Erde, 30 cm in die Erde rein (da gibt es ein „Chakra Erden-Stern"). Wandere unterhalb deines Erdensterns weiter und komme an der Außenseite des linken Fußes hoch.

- Gehe nun visuell an der linken Körperseite nach oben bis zur Körpermitte, bis 3 Finger breit unterhalb der Bauchnabelhöhe.

- In diesem Bereich befindet sich deine embryonale Mittellinie, dies ist sozusagen der Anfang deiner Existenz im Bauch der Mutter.

- Wandere mit deiner „Kugelschreiberlinie" durch die embryonale Mittellinie. Wenn du hier durchwanderst, transformierst du Erfahrungen aus der vorgeburtlichen Zeit, die mit deinem Sitzungsthema in Verbindung stehen. Du brauchst hierbei nicht zu wissen, welche konkreten Erfahrungen das sind.

- Wenn du visuell an deiner rechten Körperseite angekommen bist, gehe visuell mit der „Kugelschreiberlinie" am rechten Oberkörper und Arm entlang nach oben.

- Gehe mit deiner imaginären „Kugelschreiberlinie" bis 30 cm über den Kopf (da ist das Chakra Seelen-Stern), wandere über den Seelen-Stern und komme an der linken Armseite wieder runter.

- Gehe weiter runter, wandere wieder durch die embryonale Mittellinie und dann rechts runter zur rechten Fuß-Außenseite, wo du begonnen hast.

- In der Regel dehnt sich die Energie deiner Acht in der Aura weiter aus. In diesen Aurafeldern befinden sich Blockaden, die transformiert werden.

- Du musst nicht genau wissen, welche Themen das sind, du fühlst, beobachtest und arbeitest einfach weiter.

- Wenn Bilder hochkommen, betrachte sie ohne zu werten. Keine Anhaftungen, keine Interpretierungen. Entweder weißt du gleich, was sie bedeuten – oder im anderen Fall arbeitest du einfach weiter mit der Acht.

Visualisiere die kosmische Acht so lange, bis du eine deutliche Erleichterung spürst. Das können 15 Minuten sein oder auch eine halbe Stunde lang. Falls du zwischendurch gestört wirst, kannst du die Übung jederzeit abbrechen und zu einem späteren Moment wieder neu aufnehmen.

Kosmische Acht um paarige Körperteile

- Du kannst mit der kosmischen Acht auch horizontal arbeiten. Zum Beispiel um beide Füße, beide Schultern, beide Hände, beide Hüften, beide Augen oder auch beide Gehirnhälften. Wenn du körperliche Probleme hast, immer mit beiden Seiten arbeiten.

- Beginne auf der linken Seite und gehe dann nach rechts zur anderen Körperhälfte. Du kannst die kosmische Acht auch um Schmerzen herum visualisieren. Beginne immer mit dem links drehenden Kreis auf der linken Seite.

- Die kosmische Acht arbeitet bei körperlichen, seelischen oder mentalen Blockaden. Die Energie folgt der Aufmerksamkeit.

- Wenn du dich entspannt fühlst, ist die Sitzung beendet. Die guten Schwingungen wirken weiter.

Kosmische Acht um ein Problem herum visualisieren

- Stelle dir dein Lebensproblem bildhaft vor.

- Projiziere das Problem drei Meter vor dich oder siehe es an dem Ort, wo es sich befindet. Das kann sogar in einer anderen Stadt, in einem anderen Land oder Kontinent sein. Die Energie folgt immer der Aufmerksamkeit.

- Gehe mit deiner Aufmerksamkeit auf die rechte Seite deines Problems. Visualisiere mit deiner imaginären

Kugelschreiberlinie einen Kreis (halbe Acht) von rechts nach links um das Problem herum.

- Dann führe die Acht als Linie zu dir hin, die Linie ist jetzt diagonal und landet auf deiner rechten Körperseite.
- Nun ist die „Kugelschreiberlinie" bei dir. Visualisiere den zweiten Kreis der Acht von rechts nach links hinten um dich herum. Dann wieder diagonal hin zu deinem Problem, auf die rechte Seite.

Arbeite mit der kosmischen Acht solange, bis du Erleichterung zu diesem Thema verspürst. Manche Problembereiche brauchen mehrere Sitzungen.

Du kannst auch Worte in die kosmische Acht schreiben, wie beispielsweise „Liebe", „Erfolg", „Gesundheit" oder dir sinnvoll erscheinende Symbole. Du führst die Worte bzw. die Symbole wie die Kugelschreiberlinie als liegende Acht.

Wenn du magst, kannst du auch ganze Sätze reinschreiben wie beispielsweise, „Jetzt in diesem Augenblick ist alles in Ordnung". Wiederhole diesen Satz als Satzschleife in Form einer liegenden Acht, bis du dich leichter fühlst.

Du kannst die liegende Acht jederzeit abbrechen und zu einem späteren Zeitpunkt weitermachen.

Eine neue Manifestation schaffen

Wenn du beispielsweise mehr Geldfluss manifestieren möchtest, dann musst du deine bisherige Manifestation löschen. Hierzu gibt es folgendes wirksames Ritual:

"Löschen, löschen, löschen, dass ich geglaubt habe, wenig Geld haben zu wollen. Ich lasse diese Idee los, wenig Geld zu haben. Ich lasse das wenige Geld los. Ich bin frei, ich treffe eine neue Wahl. Ich wähle jetzt finanzielle Fülle, und dass ich immer genau die Geldmenge zur Verfügung habe, die in jedem Lebensmoment benötige. Danke, danke, danke".

Das Ritual kannst du für alle Lebenssituationen nehmen, die du verändern möchtest.

Es ist wichtig, dass du bisherige Entscheidung zuerst „dekreierst", bevor du neue Entscheidungen manifestierst. Das gilt sowohl für Beziehungen, als auch für den Beruf, die Wohnung und vieles andere mehr.

Viele Menschen bleiben nur deshalb in immer wiederkehrenden negativen Situationen hängen, weil sie ihre Lebensenergie in Projekten der Vergangenheit geparkt haben.

Beispiel für eine Sitzung

Manchmal kommen Klienten und sagen, dass sie sich eine neue Beziehung wünschen. Sie würden immer an den falschen Partner geraten. Es würde nie so richtig klappen.

Geistheiler: *„Warst du schon einmal verheiratet?"*

Klient: *„Ja."*

Geistheiler: *„Hattest du vor dieser Ehe auch Beziehungen?"*

Klient: *„Ja."*

Geistheiler: *„Wie viele?"*

Klient: *„ Drei."*

Geistheiler: *"Wolltest du mit jedem deiner Partner für immer zusammen bleiben?"*

Klient: *„Ja, das wollte ich."*

Geistheiler: *„Kannst du dir vorstellen, wo deine Lebensenergie gelandet ist? Wenn du mit jedem deiner Partner immer zusammen bleiben wolltest, dann hast du bei jeder folgenden Beziehung immer weniger Energie.*

Manche Beziehungen beginnen schon im Kindergarten!

Du hast immer einen Teil deiner Lebensenergie in den alten Beziehungen zurückgelassen. Um neue Lebensenergie für die nächste Beziehung zu finden, musst du alle bisherigen Beziehungen de-kreieren!"

Klient: *„Wie kann ich meine Energie wieder zurückbekommen?"*

Geistheiler: *„Wir löschen deine alten Beziehungsverträge, damit du frei für eine neue Liebe bist. Möchtest du das?"*

Klient: *„Ja."*

Geistheiler: *„Gut. Dann sprich mir jetzt nach: „Löschen, löschen, löschen, dass ich mit all meinen früheren Partnern für immer zusammen bleiben wollte. Ich lasse diese Idee los. Ich lasse alle früheren Partner los. Ich bin frei, ich treffe eine neue Wahl. Ich wähle jetzt, frei zu sein, für meinen neuen richtigen Partner. Danke, danke, danke"*.

Geistheiler: *"Ich wünsche dir viel Erfolg auf deinem weitern Weg. Solltest du weitere Blockaden zum Thema Beziehungen haben, können wir gerne auch mal heil-energetische Arbeit zur Transformation machen."*

Klient: *"Ja ich melde mich gerne wieder".*

Transformation durch Segnung

Wenn du spürst, dass dich etwas quält oder wenn du eine Negativität nicht loslassen kannst, dann transformiere die Blockade durch Segnung.

- Setze dich bequemen auf einen Stuhl, erde dich, nimm Herzensverbindung auf, verbinde dich mit deinem Seelenstern und deinem Erdenstern.

- Nimm Kontakt auf mit Gott und sage: *"Bitte segne mich für ..."* (was dich gerade stört oder quält).

  Aufpassen: Nicht um das Wegmachen bitten, sondern um den Segen bitten, für das was da ist. Das ist das Geheimnis.

- Erlaube nun der kosmischen Heiler-Energie, dass sie durch alle deine Chakren fließt, bis in die Erde hinein.

- Wenn du körperliche Bereiche hast, die sich ungut anfühlen, dann bitte darum, dass die Segensenergie auch dort hindurchfließt. Sage: *"Gott segne mich auch dafür!"*

Mache die Übung solange bis du dich rundherum gut fühlst.

Diese Übung hat einen sehr hohen Reinigungswert, der auch Karma löscht. Nach dieser Übung wirst du dich erleichtert und gereinigt fühlen. Danach drei Mal Danke sagen.

Segnung

12. Wegweiser

Die innere Leere

Das 4-Wochen-Trainingsprogramm

Im folgenden Kapitel gebe ich dir eine Übung an die Hand, mit der du im alltäglichen Leben die innere Leere trainieren kannst.

Wenn du die innere Leere trainierst, kann Medialität zu deiner zweiten Natur werden.

1. Woche

Meditativ sein in der inneren Leere, 10 Minuten täglich. Wenn du magst, zünde eine Kerze an und beobachte sie.

Liebe dich und bleibe mit deinem Herzen verbunden. Beobachte deinen Atem. Wenn Gedanken hochkommen, sage: *„Ich liebe mich!"* Das bringt dich in dein Körperbewusstsein zurück. Die Kunst ist, nicht zu denken, sondern nur zu beobachten.

2. Woche

Mechanische Tätigkeit verrichten in der inneren Leere, täglich 5 Minuten, z.B. Staubsaugen.

Spüre dabei deine Fußsohlen, erde dich und sage: *„Ich liebe mich!"* Bleibe in deiner Selbstliebe und beobachte dich beim Staubsaugen. Wenn Gedanken kommen, dann sage: *„Ich liebe mich!"* Das bringt dich in dein Körperbewusstsein zurück. Die Kunst ist, nicht zu denken, sondern nur zu beobachten, wie du den Staub weg saugst (oder andere Tätigkeit).

3. Woche

Mechanische Tätigkeit in der inneren Leere, 10 Minuten täglich und

Spazieren gehen in der inneren Leere, 5 Minuten täglich.

Spüre dabei die Fußsohlen, aktiviere deine Selbstliebe. Lass dich nicht zum Denken verführen. Nur beobachten: Dich selbst, den Weg, die Autos, die Menschen, nichts bewerten. Wenn Gedanken hochkommen, dann sagen: *„Ich liebe mich!"* Fühle die Füße und deinen Körper. Das bringt dich zu deiner Zentrierung zurück. Die Kunst ist, nicht zu denken, sondern nur zu beobachten.

4. Woche

Mechanische Tätigkeit in der inneren Leere, 15 Minuten und

Spazieren gehen in der inneren Leere, 10 Minuten und

Reden in der inneren Leere, 5 Minuten

Spüre dabei die Fußsohlen, denke nicht, sondern beobachte nur. Aus dieser Haltung heraus reden. Bleibe in deiner inneren Authentizität. Wenn bewertende Gedanken hochkommen, dann sagen: *„Ich liebe mich!"* Fühle die Füße und deinen Körper. Das bringt dich in den Körper zurück. Die Kunst ist, nicht zu denken, sondern nur zu beobachten und aus dieser Haltung zu sprechen.

Erweitere jede Übung in der Folgewoche um weitere fünf Minuten, bis die innere Leere zu deiner zweiten Natur geworden ist.

Viel Glück. Es klappt.

Irgendwann kommt der Moment, wo sich die bisherige Realität umkehrt. Dann bist du immer in deiner inneren Leere und merkst, wenn du rausfällst. So kannst du dich im Laufe des Tages immer wieder korrigieren. Du erkennst, in welchem Bewusstseinsmodus du gerade bist.

Die innere Leere wird zu deiner zweiten Wesensnatur.

Deine Schmetterlingsnatur wird damit verstärkt.

Innere Leere

13. Wegweiser

Die Erd-Kundalini

„Wer über sich selbst hinaus will, muss in sich selbst hinabsteigen."(Tibetisches Sprichwort)

Aus dem Yoga weißt du, dass jeder Mensch eine „Kundalini" besitzt, es ist die schlafende Schlange am unteren Teil deiner Wirbelsäule. Auch die Erde besitzt eine Kundalini, die sich im innersten Kern der Erde befindet.

Die Kundalini des Menschen ist unsere spirituelle Kraft, die aufsteigt, sobald sie erweckt wird. Mit dem Chakra-Power-Training und den Transformationsmethoden der vorherigen Wegweiser hast du deine Kundalini bereits aktiviert und durch deinen Lichtkanal bis hin zum Seelenstern erweitert.

Die Kundalini-Energie fördert deine spirituelle Entfaltung. Dein Geist wird mit neuen kosmischen Inspirationen und Erkenntnissen beflügelt.

Die Kundalini der Erde ist die schöpferische Erd-Energie. Sie windet sich spiralförmig durch alle physischen, emotionalen und mentalen Bereiche unserer Existenz. Es ist die pulsierende Kraft des Lebens selbst, die sich ebenfalls als gewundene Schlange zeigt.

Du kannst deine körperliche Kundalini mit der Erd-Kundalini vereinen. Hierzu brauchst du eine Seelenverschmelzung das heißt, deine Seele muss sich vorher mit der Erd-

Energie verbinden. Wie das funktioniert, erfährst du im Wegweiser zur Seelenverschmelzung. Jetzt beschäftigen wir uns erst einmal mit der Erd-Kundalini.

Wenn du mit der Schwingungserhöhung von Mutter Erde Schritt halten möchtest und dich auf einen ganzheitlichen Selbsterneuerungsprozess einlässt, ist es wichtig, dich mit der Erd-Kundalini zu verbinden. Auf diese Weise bist du elementar mit dem spirituellen Aufstieg der Erde verbunden. Was früher im Geheimen praktiziert wurde, ist heute für alle Menschen möglich.

Auf der körperlichen Ebene hilft dir die Erd-Kundalini bei der Auflösung von Begrenzungen. Du wirst fähig, direkt aus der Urkraft - dem tiefsten Kern von Mutter Erde - zu schöpfen.

Die Erd-Kundalini wandelt derzeit alles um, was der Heilwerdung von uns Menschen im Wege steht. Alle verborgenen Schätze der Erde können nach oben kommen. Manchmal geschieht es mit viel innerem Druck, um die alten Verkrustungen aufzubrechen und die tiefsten Verletzungen und Illusionen von uns Menschen ans Licht zu bringen und zu transformieren.

Dieser Wandlungsprozess, bei dem die Erd-Kundalini beteiligt ist, verhilft dir zu einer heilsamen Neugeburt. Alles, was du mit der Erd-Kundalini transformierst, wirkt lebenserhaltend und ist eine komplette Neuordnung von Körper und Geist.

Die Erde entfaltet sich gerade in ein neues höher schwingendes Wesen. Und die Schmetterlinge wirken bei diesem Prozess der Wandlung mit. Sie sind unsere Geburtshelfer.

Viele spirituell orientierte Menschen nutzen nur den einseitig nach oben fließenden Kundalini-Strom. Sie empfangen damit zwar kosmische Energien, andererseits fehlt ihnen dabei die tiefe Ur-Verwurzelung mit der Erde

Ohne diese Verwurzelung kann dich die kosmische Kraft aus dem Körper heraus ziehen und dadurch die Lebensenergie schwächen. Dann hebst du im wahrsten Sinne des Wortes ab. Um das energetische "Abheben" zu vermeiden, ist es sinnvoll, ein starkes irdisches Gefäß (Körper) mit intensiver Wurzelverbindung zur Erde zu entwickeln.

Die Verbindung zur Erd-Kundalini ist also ein wesentlicher Schritt in den nächsten Zyklus deiner Erden-Entwicklung. Es gelingt dir leichter, Geist und Materie zu vereinen und damit schöpferisch zu wirken, anstatt Marionette deiner Umwelt zu sein.

Mit der Erd-Kundalini zu neuen Ufern

Du hast bestimmt schon davon gehört, dass sich die Magnetfelder der Erde verschieben. Das hat grundlegende Auswirkungen auf dein Bewusstsein. Eine unvorstellbare Explosion unserer mentalen Fähigkeiten kommt auf uns zu.

Bis dieser Vorgang beendet ist, wird noch vieles auf den Kopf gestellt. Unser Leben wird im wahrsten Sinne des Wortes ver-rückt. Das kann Chaos pur bedeuten. Wenn wir jedoch unser Körperbewusstsein trainieren und die Kräfte dieser großen Transformation in Verbindung mit der Erd-Kundalini richtig nutzen, machen wir als erneuerte Menschen ungeahnte Schritte in ganz neue Erfahrungswelten.

Die Füße bringen dich tiefer in die Erde, der Kopf weiter in den Kosmos und beides bildet – wie schon zuvor erwähnt – einen Kreis, der alles miteinander verbindet.

Der neue Navigator führt uns zur Liebe

Nur im Herzen sind wir sicher - es ist dort wie im Auge des Orkans. Im angstfreien Zustand der bedingungslosen Liebe kann die allumfassende Transformation stattfinden, die eine Neuverankerung aller Energiefelder bewirkt.

Die Wandlung auf unserer Erde ist unvorstellbar und übersteigt alle kühnsten Vorstellungen. Nicht einmal die alten Propheten waren fähig, den Schleier des Geheimnisses zu lüften, das uns erwartet.

Keiner wird wissen, wie das neue Ufer des Lebens aussieht, doch die richtungweisenden Schilder für die große Reise sind bereits aufgestellt.

Der Navigator ist das Herz und das Ziel der Reise ist unser ganzheitliches Körperbewusstsein in Verbindung zur Erd-Kundalini. Das sind weitere Schritte zur Entfaltung deiner Schmetterlingsnatur.

14. Wegweiser

Die Seelenverschmelzung

Rückkehr des Hohen Selbst

Nun geht es weiter mit der Seelen-Energie. Die Seele ist dein Hohes Selbst.

Was geschieht nun bei der Seelenverschmelzung?

Die Seelenverschmelzung ist eine spirituelle Einweihung, bei der sich deine Seele (achtes Chakra) mit allen physischen Chakren verbindet. Bei der sie von dort weiter in den Seelenbereich der Erde wandert, hier mit der Erde Hochzeit feiert und dann wieder als vereinigte Seelen-Erd-Energie aufsteigt, zurück durch deinen Körper wandert und weiter nach oben durch alle kosmische Chakren strömt und mit „Galactic Butterfly" verschmilzt. Dann kommt die vereinte Energie wieder zurück in deinen Körperkreislauf und verankert das gesamte Lichtbewusstsein auf deiner Zellebene.

Ein großartiger Prozess wartet auf dich!

Warum brauchen wir eine Seeleneinweihung?

Wenn dein irdisches Selbst mit dem Hohen Selbst verschmolzen ist, wirst du an ein höheres Energiefeld angeschlossen. Deine Körperenergiefelder erhalten höhere Lichtfrequenzen – aus dem Ur-Licht der Einheit, jenseits von Schatten und Dualität.

Dein Ego ist normalerweise mit dem Alltagsgeschehen identifiziert. Dein Hohes Selbst ist der Beobachter deines Lebens. Durch deine Seelenverschmelzung steigerst du daher deine Fähigkeit, die Realität zu beobachten anstatt zu werten. Dadurch gelingt es leichter, die dichten Energien der Alltagswelt zu transformieren. Die Seelenverschmelzung ist nicht nur ein Weg zur persönlichen Weiterentwicklung, sie ist auch ein Geschenk für deine Heilerarbeit.

Durch die Einweihung bist du tiefer verwurzelt, hast bessere Standfestigkeit und dein innerer Lichtkanal kann sich unendlich weit für kosmische Energien ausdehnen.

Die Begegnung von Seele und Erde nennt man die mystische Hochzeit.

Warum wir von unserer Seele getrennt sind

Seele und Erde waren ursprünglich miteinander „verbandelt" gewesen. Erst durch die kristallinen Kernspaltungen beim Untergang von Atlantis wurde das achte Chakra von den physischen Chakren sowie den Erd-Chakren getrennt. Dadurch ist eine Spaltung von Geist und Materie entstanden.

Zuvor lebten die alten Atlanter aus den Impulsen ihrer Seele. Ego und Seele waren eine Einheit, sie handelten aus den Impulsen ihres Hohen Selbst. Dann gab es den großen Knall - Atlantis ist vor ca. 13.000 Jahren untergegangen.

Heute stehen wir wieder vor der gleichen energetischen Konstellation wie beim Untergang von Atlantis. Damals befanden wir uns im Löwe-Zeitalter (Macht), heute sind wir im Wassermann-Zeitalter (Vernetzung). Obgleich die heutige Konstellation ähnlich dem Untergang von Atlantis ist, so haben wir doch eine andere Ausgangsbasis, um mit den Herausforderungen der Zeit umzugehen. Anstatt uns noch tiefer in die Zerstörung zu begeben, haben wir die Chance, alle dualen Aspekte wieder aufzulösen. Denn der Wassermann, unser derzeitiges Welt-Zeitalter, steht für neues Handeln im Sinne von Vernetzung und zwar jenseits der Dualität. Die Seelenverschmelzung ist daher ein energetischer Schritt zur Rückverbindung mit der Ganzheit.

Durch die Seelenverschmelzung verbindest du dich besser mit dem Kraftfeld von „Galactic Butterfly" – dem Bewusstsein von allem, was IST.

Man sagt, dass vor der Seelenverschmelzung 5 % Gotteslicht auf unserer Zellebene aktiviert ist und nach der Seeleneinweihung sind es 58 %. Ein enormer Anstieg deiner Potenziale wartet auf dich durch die Integration deines Seelenlichtes bis auf Zellebene.

Seelenverschmelzung – Zugang zur Erdenseele

Durch die Seelenverschmelzung entfaltest du eine neue Art von Regenerationsfähigkeit und kannst die begrenzenden Informationen des Kollektivs auf der körperlichen Ebene transformieren.

Du kannst deine Gedanken besser zentrieren und findest verstärkten Zugang zu Informationen aus dem Innenreich der Erde. Du und die Erde – ihr werdet ein Liebespaar im ganzheitlichen Sinne.

Deine Heilerkräfte und medialen Fähigkeiten steigern sich.

Die Seelenverschmelzung ist der erste Schritt zur höheren Meisterschaft auf Erden. Es ist der Anfang eines wundervollen Weges, auf dem du lernst, alle Ebenen dieser Welt in Liebe zu integrieren.

Viele Meister und Meisterinnen haben hier ihren ersten Schritt in die höhere Entwicklung gemacht.

Bist du bereit, deine Seelenenergie wieder voll zu integrieren?

Die Einweihung Seelenverschmelzung

- Setze dich entspannt hin. Bekunde mit hörbarer Stimme, dass du bereit für die Seeleneinweihung bist.

- Dein Rücken ist locker und aufrecht. Bewege leicht deine Wirbelsäule, wie eine biegsame Schlange. Fühle den Boden unter deinen Füßen.

- Deine Hände liegen entspannt auf deinen Oberschenkeln. Die Handinnenflächen sind nach unten gerichtet.

- Trommle nun sanft mit den Fersen auf den Boden. Wechselseitig, mal mit dem einen Fuß und dann mit dem anderen. Nimm dabei ganz bewusst Kontakt mit der Erde auf.

- Fühle dein Herzchakra.

- Lasse jeden Gedanken vorüber ziehen. Sage leise: *„Ich liebe mich"*. Spüre deine Mitte, fühle wie du innerlich leer wirst.

- Nur beobachten, wahrnehmen, fühlen, lauschen, empfinden. Spüre dein Gesäß, wie du auf dem Stuhl sitzt und bewege weiter deine Wirbelsäule.

- Fühle, wie die Energie in deinem Körper ansteigt. Es ist deine Seele, die sich jetzt in deinem Körper bemerkbar macht. Dein Verstand wird immer ruhiger. Deine Gedanken ziehen sich noch mehr zurück.

- Beobachte und fühle, wie sich die Seelenenergie in deinen Körper ausdehnt. In jedem Winkel. Lass die Energie weiter ansteigen.

- Lenke die erhöhte Seelenenergie durch deinen gesamten Körper, lass die Energie nach unten strömen, bis sie in deinem Becken ankommt.

- Lenke die Energie weiter, durch die Beine bis zu deinen Füßen.

- Vielleicht spürst du jetzt, wie es kribbelt oder warm wird. Vielleicht kannst du die Energie mit deinem inneren Auge sehen oder du weißt es einfach.

- Öffne deine Fußchakren und lenke die Seelenenergie durch deine Fußsohlen in die Erde. Fühle, wie die Erde deine Seelenenergie anzieht. Immer tiefer in die Erde hinein. Konzentriere dich darauf, dass du jetzt mit deiner ganzen Energie in der Erde bist. Energie folgt der Aufmerksamkeit.

- Lenke die Energie deiner Seele durch alle Erdschichten hindurch. An manchen Stellen geht es leichter, an manchen Stellen ist es schwieriger.

- Wenn du auf Blockaden triffst, bleibe konzentriert und mache einfach weiter. Bleibe gelassen. Sage: *„Ich liebe mich. Alles ist in Ordnung, so wie es ist."* So lösen sich die Blockaden auf.

- Das Ziel deiner Reise ist der Mittelpunkt der Erde, das ist dein Seelenverschmelzungspunkt. Hier ist auch deine Urwurzel.

- Die Kraft deiner eigenen Urwurzel zieht deine Seelenenergie immer tiefer in die Erde hinein. Du näherst dich deinem ureigenen Platz in der Erde. Er kommt dir bekannt vor. Die Zellen deines Körpers erinnern sich an uralte Zeiten. Du stehst in Resonanz mit den Schwingungen der Erde.

- Dein Platz in der Erde, der Ort deiner geheimen Urwurzel. Erinnere dich, dass du vor Urzeiten mit diesem Platz in der Erde vereint warst. Das war in der Blütezeit von Atlantis. Wo Himmel und Erde noch miteinander verbunden waren. Erinnere dich daran. Du spürst die Freude in dir.

- Auch die Erde freut sich über deine Rückkehr. Sie erkennt dich wieder. Sie möchte die uralte Einheit allen Lebens in dir neu beleben.

- Sie erkennt deine Seele, mit der sie sich so gerne wieder verbinden möchte.

- Deine Seelenenergie wird immer stärker spürbar.

- Die Erde zeigt ihre Bereitschaft für diese Vereinigung. Sie öffnet einen Spalt, um deine Seelenenergie zu empfangen.

- Die Energie deiner Seele wird in den Spalt der Erde gezogen.

- Nun beginnt deine Verschmelzung.

- Spüre, wie beide Energieströme, also Seele und Erde, sich vereinigen. Man nennt dies die mystische Hochzeit, die Vereinigung zwischen Himmel und Erde.

- Wenn du spürst, dass die Verschmelzung stattgefunden hat, kommt eine neue Kraft aus dem Inneren der Erde hervor. Es ist die vereinigte Energie von Kosmos und Erde, die gerade in dir erwacht ist.

- Diese vereinigte Energie bewirkt eine Ausgleichung der Elemente in deinem Körper.

- Spüre, wie die neue vereinigte Energie aufsteigt, durch alle Erdschichten bis in deine Füße, durch die Beine hinauf, durch den Unterkörper bis hin zu deinem Schlüsselbein.

- Hebe nun deine Arme hoch, deine Hände sind in Höhe deines Seelensterns.

- Lenke die vereinigte Seelenenergie mit den Armen und Händen und deinem ganzen Bewusstsein zu deinem Seelenstern.

- Hier wird die vereinigte Energie verankert. Warte einen Moment, bis du das spürst.

- Lasse die vereinigte Energie vom Seelenstern weiter nach oben strömen, in dein neuntes Chakra, das ist deine Fähigkeit zur Transformation.

- In dein zehntes Chakra, das ist deine Fähigkeit zur bedingungslosen Selbstverantwortung.

- In dein elftes Chakra, das ist die Fähigkeit, deine irdische Realität energetisch zu verwandeln.

- Von hier geht die Reise in dein zwölftes Chakra. Hier ist das Zentrum deiner göttlichen Ich-Bin-Gegenwart.

- Bisher hatte deine Ich-Bin-Gegenwart keine Ahnung von dir als Mensch. Denn die Realität der Dualitäten ist für deine Ich-Bin-Gegenwart eine Illusion.

- Durch deine Seelenverschmelzung bekommst du jedoch Zugang zu deinem zwölften Chakra.

- Deine Ich-Bin-Gegenwart erlebt zum ersten Mal den Kontakt mit deinem Menschsein.

- Verbinde dich tief mit deiner Ich-Bin-Gegenwart im zwölften Chakra. Spüre, wie diese Energie dein ganzes Wesen erfasst.

- Gehe nun weiter hinauf bis zum Mittelpunkt des Kosmos, hier ist Galactic Butterfly. Lass deine gesamte Energie nun zu Galactic Butterfly fließen.

- Fühle wie die Einheitsenergie zu dir zurückfließt.

Aktiviere deinen inneren Schmetterling

- Nun führe die Einweihung weiter und hebe deine Arme hoch. Dehne sie weit aus, nach rechts und links. Empfange die Energie von Galactic Butterfly in deinen Händen und Armen.

- Spüre, wie sich die Energie deines eigenen inneren Schmetterlings entfaltet. Du bist ein Schmetterling.

- Spüre, wie deine Arme zu Flügeln werden.

- Nimm deine Fingerspitzen und Hände und fächle die neue Schmetterlingsenergie in deine Aura, deine Chakren sowie in deinen Körper hinein.

- Stelle dir vor, wie die Energie des Schmetterlings, der du bist, dein Hormon-System durchdringt und von hier auf deine Zellebene kommt.

- Fächele die Energie deines Schmetterlings in deine DNA.

- Du bist vereint mit deiner Seele, der Erde, deiner Ich-Bin-Gegenwart, Cosmic Butterfly sowie deinem eigenen Schmetterling, der du bist.

- Deine Seelenverschmelzung wird durch deinen Schmetterlings-Engel versiegelt.

- Spüre, wie eine neue Welle höherer Energien durch dich hindurch strömt.

- Sage dieses Mantra: *„Ich bin die Seele, ich bin das göttliche Licht, ich bin Liebe, ich bin Wille, ich bin die* *erschaffende Kraft von Kosmos und Erde, ich bin verbunden mit der zentralen Weisheit von allem was ist. So sei es. Danke, danke, danke."*

Ich wünsche dir viel Glück und Lebenserfolg mit deiner Seelenverschmelzung.

Wir machen nun den nächsten Schritt zur Erd-Kundalini.

Einweihung Seelenverschmelzung mit Erd-Kundalini

Ergänzend zur Seelenverschmelzung offenbare ich dir nun die Einweihung in die Erd-Kundalini, über die ich bereits im vorhergehenden Wegweiser ausführlich informiert habe.

Beginne mit den gleichen Schritten wie bei der Seelenverschmelzung, bis du unten in der Erde bei deiner ureigenen Wurzelkraft angekommen bist.

Nun geht es mit folgenden Schritten weiter:

- Spüre deine ureigene Wurzelkraft in der Erde. Vielleicht siehst du auch Licht oder weißt einfach, dass du unten angekommen bist.

- Du bemerkst nun, wie sich die Erde öffnet, um die Energie deiner Seele zu empfangen. Seele und Erde verschmelzen nun. Sie feiern ihre mystische Hochzeit.

- Dieser Liebesakt in der Erde öffnet nun ein weiteres Tor nach unten. Die Energie folgt der Aufmerksamkeit.

- Du spürst, wie deine Seele dich zum Baum des Lebens führt. Dein kleiner Lebenszweig kann sich hier mit dem Lebensbaum verbinden.

- Es ist ein befreiendes Gefühl. Deine Reise geht nun durch den ganzen Lebensbaum nach unten.

- Verstärke deinen Energieflusses durch Bewegung deiner Wirbelsäule. Wandere durch den Stamm des Lebensbaumes.

- Deine Reise führt dich zur Erd-Kundalini, man nennt sie auch die Schlange des Lichts.

- Wenn du die Wurzeln des Baumes erreichst, geh mit deinem Bewusstsein durch die Wurzeln hindurch, bis du am Ende der Wurzeln angelangt bist.

- Die Wurzeln des Lebensbaumes reichen bis in die tiefste Ebene der Erde und die Zweige reichen bis weit in den Kosmos hinein.

- Durch deine Verbindung zum Lebensbaum bist du mit der Innenwelt der Erde verbunden.

- Hier unten in der Erde ist die schöpferische Dimension von Gaia.

- Bleibe aufrecht sitzen, trommle ab und zu mit den Fersen auf den Boden und spüre deine Selbstliebe.

- Bekunde nun, dass du der Erd-Kundalini begegnen möchtest.

- Lenke deine Aufmerksamkeit in den Bereich, der hinter den Wurzeln vom Lebensbaum ist.

- Und nun gehe aus den Wurzeln heraus. Du bist angekommen und stehst direkt vor der Höhle der Erd-Kundalini.

- Du bemerkst nun eine weibliche Drachenschlange, sie bewacht die Höhle der Erd-Kundalini.

- Lasse Dankbarkeit zur Drachenschlange strömen. Sage ihr, dass du dich in Liebe mit der Erd-Kundalini verbinden möchtest.

- Die Drachenschlange macht dir nun den Eingang zur Höhle frei. In diesem Augenblick wird es ganz still in dir.

- Die Siegel zur Höhle der Erd-Kundalini lösen sich. Die Drachenschlange geht langsam zur Seite, du darfst in das Innere der Höhle schauen.

- Freudig gehst du bis vor den Eingang der Höhle. Hier siehst du ein helles unendliches Licht. Wenn sich deine Augen an die Helligkeit gewöhnt haben, erkennst du die Schlange des Lichtes, also die Erd-Kundalini.

- Unermessliche Liebe kommt dir entgegen. Du fühlst dich eingeladen, sie hat auf dich gewartet.

- Ihre Augen schauen dich an. So viel Güte hast du noch niemals gesehen und gefühlt. Mutig sagst du: *„Erd-Kundalini ich möchte dich in mein irdisches Leben einladen. Kommst du mit?"*

- Eine mächtige Liebeswoge erfüllt dein Herz. Du merkst, wie sich die Erd-Kundalini zu dir hin bewegt. Sie strahlt durch deinen ganzen Körper und öffnet alle Ebenen deines Herzens, Bereiche die zuvor noch niemals geöffnet waren.

- Du fühlst dich ergriffen von der heiligen Energie der Erd-Kundalini. Und du bemerkst, dass sie bereit ist, gemeinsam mit dir nach oben zu kommen. Durch die Wurzeln des Lebensbaumes, durch den Stamm in dein irdisches Leben hinein.

- Sie windet und schlängelt sich zu dir hin. Solltest du jetzt etwas Dunkles an dir oder neben dir bemerken, dann löse es jetzt auf. Benutze deinen Atem dazu oder deine Hände.

- Gemeinsam mit dir schlängelt sich die Erd-Kundalini nach oben. Du spürst ihre intensive Liebeskraft bis in deine Zellen.

- Trommle zwischendurch mit den Füßen auf den Boden. Bleibe weiterhin gut geerdet.

- Gemeinsam wandert ihr jetzt durch alle Schichten der Erde, bis ihr bei deinem Körper angekommen seid.

- Wie fühlt sich das an? Deine Körperzellen erinnern sich an die Erd-Kundalini, an die uralte Zeit, wo du noch mit Gaia in der Einheit auf der Erde verbunden warst.

- Sie schlängelt sich durch deine Füße, in die Beine, deine Knie und die Oberschenkel bis in dein Becken hinein.

- Öffne dein Herz jetzt noch mehr, damit die Erd-Kundalini durch deinen ganzen Körper hindurch bis zu deinem Herzchakra kommt.

- Wie fühlt sich das an, die Erd-Kundalini in deinem Herzen?

- Nun geht die Reise mit der Erd-Kundalini weiter, durch deine Kehle. Du spürst wie sich die göttliche Energie der Schlange in deinem Halschakra ausdehnt.

- Jeder Impuls, jedes Wort vereint sich jetzt mit der Erd-Kundalini.

- Nun steigt sie weiter hoch, in den Bereich, der hinter deinem dritten Auge liegt. Sie strahlt bis weit in das Universum hinaus.

- Spüre deine Verbindung zum Kosmos. Wisse, dass du ein Teil dieser unendlichen Weite bist, du bist ein Kind der Sterne, du bist ein Kind der Planeten, deine geistige Heimat ist der Kosmos, deine irdische Heimat die Welt und deine körperliche Heimat ist das Innenreich der Erde in der Verbindung zur Erd-Kundalini.

- Die Erd-Kundalini strahlt nun aus deinem dritten Auge heraus. Welch spannender Moment. Du erinnerst dich an die altägyptischen Monumente, die Götter und Göttinnen. Sie alle hatten in dieser Zeit eine Schlange, die aus ihrem dritten Auge heraus schaute.

- Genauso schaut die Erd-Kundalini aus deinem dritten Auge heraus.

- Du erkennst jetzt vor deinem dritten Auge einen wundervollen weißen Kristall. Dieser Kristall ist das Symbol deiner DNA, das kristalline Bewusstsein deiner Zellen.

- Die Erd-Kundalini dehnt ihre Lichtkraft weiter aus und sendet Lichtenergien in den weißen Kristall. Auf diese Weise wird deine DNA von der heiligen Energie der Erd-Kundalini gesegnet.

- Fühle, wie sich auf diese Weise die Energie der Erd-Kundalini ganz mit deinem Körper verbindet. Das ist deine Verwurzelung mit der Erd-Kundalini im Innenreich der Erde bis in die Erdhöhle hinein.

- Du bist jetzt mit der Erd-Kundalini in einer spirituellen Einheit. Du kannst nun über deine Körperzellen direkt Energien aus dem Innern der Erde empfangen. Welches spannende Abenteuer da begonnen hat!

- Von nun an wird nicht nur der Kosmos, sondern auch die Erd-Kundalini mit dir kommunizieren, über das vernetzte Wissensfeld des Lebens.

Fühle dich frisch und erholt. Deine Der Segen sei mit dir. So sei es. Danke, danke, danke.

Erd-Kundalini

15. Wegweiser

Die Magie der violetten Flamme
Transformation mit kosmischer Energie

Sicher hast du schon etwas über die violette Flamme gehört. Sie ist eine heilige Energie zur Transformation von Lebensblockaden.

Mit der violetten Flamme erschaffst du einen Quantensprung in eine neue Wirklichkeits-Matrix. Du transformierst in deinem Herzen überholte und begrenzende Sichtweisen und rufst damit neue schöpferische Möglichkeiten in dein Leben. Man könnte sagen, dass du von der Rolle des Zuschauers zum Regisseur wechselst, der eine neue ungeahnte Filmidee kreiert. Hierbei ordnen sich deine bisherigen Lebenselemente in einer neuen Form zusammen. Jeder Ausdruck und jede Schwingung deines bisherigen Lebens fügt sich dann als neue Szene in deinem Lebensfilm zusammen.

Die violette Flamme gehört zum Sternbild des Wassermanns, der das bisherige Fische- (Leidens-) Zeitalter ablöst. Der Wassermann fordert dich auf, das Leben aus der Perspektive der Ganzheit zu meistern. Hierbei unterstützt dich die violette Flamme.

Die Transformation durch die violette Flamme ist für die nächsten 2.000 Jahre für uns Menschen sehr bedeutungsvoll. Denn so lange bleibt der Wassermann unser Taktgeber.

Es gibt 12 Lichtstrahlen, welche die unterschiedlichen Qualitäten der Schöpfung zum Ausdruck bringen. Die violette Flamme repräsentiert den siebten Lichtstrahl, das ist die Energie der Wandlung und Heilung. Mit der violetten Flamme kannst du dich von Karma befreien, deine Gefühle heilen und alle Lebenssituationen in eine höhere Ordnung des Gleichklangs bringen.

Hüter der violetten Flamme ist der aufgestiegene Meister St. Germain zusammen mit Erzengel Zadkiel und dem heiligen Amethyst. Diese hohen Lichtwesen lenken den violetten Strahl und helfen uns, alle Aspekte der Trennung in uns zu verwandeln. Das Ergebnis ist eine neue Realität, ohne Anhaftung an niedere Gefühle und zerstörerische Gedanken.

Das folgende Ritual kennst du bereits in anderer Form von den Schmetterlings-Engeln.

Übung:

- Nimm in deine linke Hand ein Problem (Probleme kommen von der Materie und haben die Farbe Rot).

- Nimm in deine rechte Hand das gewünschte Ziel (Zielvorstellungen sind mental und haben die Farbe blau).

- Nun füge beide Energien über deine Handflächen vor dem Herzen zusammen. Das Herz hat eine alchemistische Wirkung und vereinigt beide Farben. Daraus entsteht die Farbe violett.

- Das ist die Magie der violetten Flamme. Sie ermöglicht dir, eine neue Realität zu erschaffen, indem sie die Gegensätze miteinander vereint.

Violette Flamme trifft Schmetterling

Der Schleier des Vergessens hat sich gelüftet. Wir können wieder hinter die Kulissen des Lebens schauen und unsere schöpferischen Energien in Anspruch nehmen. Unsere bisherige Wirklichkeit hat uns eine Welt der Illusionen gespiegelt, eine Welt, in der wir jede Erfahrung in gut und schlecht eingeteilt hatten. In dieser Sichtweise waren wir gefangen.

Doch nun dürfen wir die alten Grenzen und Mauern aufbrechen, die Geheimnisse entsiegeln und eine aufgeschlossene Wirklichkeit entdecken mit all ihren unvorstellbaren Möglichkeiten.

Es ist jetzt wichtig, dass wir uns nicht mehr an irgendwelche Erlösungsglaubenssätze halten. Wir können uns von moralischen Vorschriften verabschieden, die uns sagen, was wir tun oder lassen sollen. Der einzige wahre Ratgeber, den wir jetzt haben, ist unser Herz. Unserem Herzen können wir vertrauen.

In unserem Herzen geschieht die Wandlung durch die Initiation der violetten Flamme.

Violette Flamme und Schmetterlings-Engel – ein starkes Team für deine persönliche Transformation in die Einheit mit allem was ist.

Die verzerrte Wirklichkeit korrigieren

In den letzten Jahrtausenden haben wir uns in unserem Wahrnehmungswinkel wie in einer Sinuskurve bewegt, wo wir immer wieder nacheinander die Erfahrung von Tag und Nacht, Licht und Dunkelheit auf allen Ebenen erlebt haben. Wir haben das göttliche Licht nicht in seiner Ganzheit erlebt, sondern in einer Auf- und Abwärtsbewegung, wie bei einer Sinuskurve.

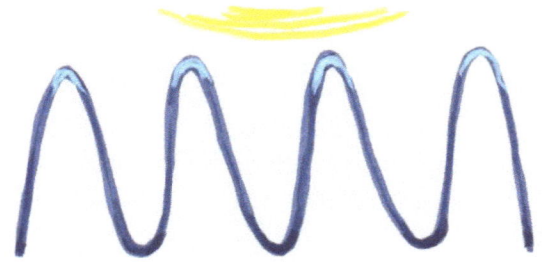

Sinus-Kurve

Dieser verzerrte Wahrnehmungswinkel ist (unabhängig vom Sturz in Atlantis) der Grund, weshalb wir uns hier auf der Erde von unserer eigenen inneren Göttlichkeit getrennt fühlten. Wir konnten das göttliche Licht nicht mehr in uns, sondern nur außerhalb von uns erfahren. So entstand das Bewusstsein von gut und schlecht, ohne dass wir bemerkten, dass wir damit in einer Falle der Illusion gelandet sind.

Wir sind immer im Licht und noch niemals außerhalb des Lichtes gewesen. Die violette Flamme hilft uns, das wieder zu erkennen.

In einer Sinuskurve ist das göttliche Licht einmal oben, dann scheint es auf uns gerichtet. Wir erleben eine Situation, in der alles in Ordnung ist. Dann wieder ist das Licht verdeckt, wir rasseln nach unten, fühlen uns im Schatten und müssen erleben, wie alles aus dem Lot gerät. Solange wir uns im Bewusstsein der Sinuskurve bewegen, haben wir keine Chance, uns selbst als Licht zu erkennen. Damit wir uns wieder als göttliches Licht erkennen können, müssen wir den inneren Wahrnehmungswinkel neu einstellen. Hierbei hilft uns die violette Flamme.

Violette Flamme

Mit dem dualen, verzerrten Licht unserer Wirklichkeit konnten wir unsere Lebenssituationen nur aus der Perspektive der Oberflächlichkeit erleben. Wir haben die Welt mit unserem linearen Verstand erfasst und waren dabei nach außen gerichtet. Das wurde durch die Sichtweise des dualen Lichtes bewirkt. So war die Wirklichkeit unserer alten Realität.

Doch jetzt, mit dem Eintritt in das Wassermann-Zeitalter sind wir auch in das Schwingungsfeld des Synchronisationsstrahls eingetreten, das ist das Lichtfeld der kosmischen Urquelle, der Zentralsonne oder auch Galactic Butterfly genannt. Dieses Licht hat keine Sinuskurve, es wirft keinen Schatten. Es ist wie ein Laserlicht, das alles transparent macht. Jeder Aspekt des Lebens wird gleichwertig beleuchtet. Es gibt kein Hell und kein Dunkel.

Die Herausforderung ist dabei, unser Bewusstsein neu einzustellen und nicht mehr aus den alten Erinnerungen zu denken und zu handeln. Zusammen mit dem Synchronisationsstrahl von Galactic Butterfly können wir es schaffen, die vielen Unzulänglichkeiten unserer Existenz auf eine höhere Lichtebene anzuheben. Wir können jeden Schatten unseres Alltags in die göttliche Wahrheit zurückführen. Die violette Flamme hilft uns dabei.

Violette Flamme und die neue Erde

Wenn wir die violette Flamme mit dem Synchronisationsstrahl von Galactic Butterfly vereinen, haben wir doppelte Power zur Transformation. Wir haben damit den Schlüssel, um unsere Erde in ein Paradies zu verwandeln.

Es gelingt uns dann, einen erweiterten Blickwinkel auf unsere Existenz zu werfen und von der oberflächlichen Wahrnehmung der Welt auf die innere schöpferische Ebene der Wirklichkeit zu wechseln.

Hierbei spielt auch die Zirbeldrüse - unser drittes Auge – eine wichtige Rolle.

Mit der Zirbeldrüse können wir Visionen unserer neuen Erde empfangen, die sich in der Welt der Dualität niemals gezeigt hätten. Die Zirbeldrüse ist auch unsere Meisterdrüse, die das Hormonsystem steuert und damit bis auf der Zellebene neue visionäre Impulse auf die Zellebene einspielen kann. Neue Visionen werden in der Materie manifest.

Zusammenfassend bedeutet das:

- Die violette Flamme wirkt zusammen mit dem Synchronisationsstrahl als doppelte Power zur Transformation von Begrenzungen.

- Durch die Zirbeldrüse erreichen uns ganz neue Visionen, die wir bis auf Zellebene manifestieren können.

- Die Schmetterlings-Engel begleiten uns bei der Verwandlung von einer Form in die nächste. So kann die Neugeburt deines Menschseins gelingen.

Violette Flamme hinter dem Regenbogen

Wenn sich die violette Flamme mit dem Synchronisationsstrahl vereint, dann wirkt sie jenseits unserer bekannten Regenbogenfarben. Deshalb kann sie unser farbiges Chakra-System mit ihrer transparenten Lichtfrequenz durchdringen und unser Bewusstsein auf eine neue Ebene bringen.

Du erinnerst dich, jedes Chakra hat eine Farbe und steht in Bezug zu bestimmten Lebensaspekten. Diese werden mit der violetten Flamme durchleuchtet, transformiert und auf die Ebene der Ganzheit gebracht. Jeder Teil deines Bewusstseins kann sich so wieder an das göttliche Licht erinnern, aus dem alles hervorgegangen ist.

Mit der neuen Violetten Flamme kannst du deinen Lebensfaden neu spinnen. Nach den Mustern der Liebe und Ganzheit und nicht mehr nach den Vorgaben der Fremdbestimmung.

Du darfst Held oder Heldin sein - und neue Schöpfungen hervorbringen.

Einweihung in die Violette Flamme

- Fühle dich umgeben von den Hütern der violetten Flamme.
  St. Germain, Erzengel Zadkiel und der heilige Amethyst betreten mit ihrer lichten Energie deinen Raum.

- Du bist ermächtigt, die Aktivierung der violetten Flamme in allen Dimensionen deines Bewusstseins zu empfangen.

- Spüre deine Fußsohlen auf dem Boden, erde dich, indem du sanft mit den Fersen auf den Boden trommelst. Stelle dir die Verbindung zur neuen erleuchteten Erde vor.

- Fühle die Liebe der neuen Erde.

- St. Germain entfacht nun die violette Flamme in deinem Herzen. Spüre die Energie der violetten Flamme mit allen Sinnen.

- Gehe nun mit deiner Aufmerksamkeit von deinem Herzen zu deiner Kehle und von hier zu deinem dritten Auge. Es befindet sich zwischen deinen Augenbrauen.

- Betrete nun die Zirbeldrüse, in der Mitte deines Gehirns, das ist der Bereich deines höheren Bewusstsein. Hier befindet sich das Tor zur kosmischen Weisheit.

- Wandere nun von der Zirbeldrüse weiter zu deinem Kronenchakra, spüre deine Krone.

- Gehe weiter zum Seelenstern. Verbinde dich mit deinem seelischen Potenzial und fühle deinen seelischen Reichtum.

- St. Germain aktiviert die violette Flamme in deinem Seelenstern.

- Spüre, wie sich die Gegensätze deines Lebens vereinen. Erkenne, wie die violette Flamme durch dein gesamtes Leben lodert.

- Nun geht deine Reise mit der violetten Flamme weiter nach oben, immer weiter hinaus, bis zum höchsten Punkt im Kosmos. Das ist Galactic Butterfly.

- Bleibe geerdet, fühle deine Fußsohlen auf dem Boden.

- Du spürst jetzt, wie du immer mehr in das Strahlfeld der göttlichen Schwingungen eintauchst. Du bist ein Teil dieser Lichtstrahlung, du bist ein Teil der göttlichen Quelle von Galactic Butterfly.

- Fühle deine Verbundenheit mit allem was ist. Alles was existiert, das bist auch du. Du bist die Sterne, die Planeten und die Milchstraßen. Es gibt keine Trennung. Alles ist erschaffen aus dem gleichen Ur-Stoff des Lebens. Alles ist eins.

- St. Germain vereint die violette Flamme deines Herzens mit dem transparenten Licht der göttlichen Ur-Quelle von Galactic Butterfly. Die Lichtenergie der violetten Flamme in dir wird nun angehoben.

- Spürst du, wie sich die neue violette Flamme in dir ausdehnt. Bis in jede Zelle deines Körpers. Die Energien pulsieren durch dich hindurch und ergreifen dein ganzes Wesen.

- Du bist Licht, das Licht, das unendliche Licht, das mit dem gesamten Licht des Kosmos im Gleichklang schwingt. Kristallenes Licht der Einheit. Du erlebst dich in deiner Ganzheit. Du bist Galactic Butterfly - Mikrokosmos und Makrokosmos.

- St. Germain übergibt dir nun einen leuchtenden Stab mit der reinen violetten Flamme.

- Du bist verbunden mit dem siebten Strahl der Heilung und Wandlung.

- Du kannst mit der violetten Flamme das verzerrte Licht der Dualität in das Licht der Einheit verwandeln. Das ist das kristalline zusammenhängende Ur-Schöpferlicht.

- Das ist die neue Magie deines Lebens. Deine neue Wirklichkeits-Matrix, mit der du erschaffen kannst, was deinem Herzen entspricht.
- St. Germain versiegelt deine Einweihung nun in deinem Herzchakra.

Gehe nun wieder zurück in deine irdische Welt.

Trommle leicht mit den Fersen auf den Boden. Du bist wieder ganz im Hier und Jetzt deiner Wirklichkeit.

Mit der violetten Flamme kannst du auch andere Menschen mutig bei der Transformation ihres Lebens begleiten.

Gechannelte Botschaft von St. Germain

Seid gegrüßt, ihr Lieben. Hier spricht St. Germain. Ihr kennt mich als aufgestiegenen Meister, Hüter der violetten Flamme und Regent der Neuen Zeit. In der Tat helfe ich euch gerade jetzt ganz besonders mit der Energie der violetten Flamme, damit ihr sicher durch die schwierigen Prozesse der Wandlung auf der Erde kommt.

Eure Augen sehen derzeit viel Leid und Gewalt. Es soll euer Gemüt nicht betrüben. Bleibt mit all eurer Kraft und Liebe mit dem Herzen verbunden. Egal, was passiert. Erkennt nur das EINE: Gott ist mit jedem Teil der Schöpfung verbunden. Seht bitte nur das Göttliche im Menschen und nicht seine Handlungen. Jeder Mensch reagiert aus den Erfahrungen, die er in seinem persönlichen Umfeld gemacht hat. Manche haben Freude erfahren, dann sind sie voller Hoffnung, manche haben Angst erfahren, dann sind sie in Abwehr und manche haben Aggressionen erfahren, dann heben sie das Schwert gegen andere.

Das alles soll euch nicht bedrücken. Denn jetzt ist die Zeit der Wandlung gekommen. Ihr befindet euch am Anfang des goldenen Zeitalters, wo ihr das „Blei" zu „Gold" verwandeln könnt. Ihr seid diejenigen, die den großartigen Schritt in die höhere Dimension eurer Erde manifestieren.

Das kollektive Bewusstsein auf der Erde verändert sich. Mit eurem Herzen seid ihr fähig, eure Dualität auf die Bewusstseinsebene der Einheit zu bringen. Alle Gedankenmuster, Gefühle und Handlungsimpulse können jetzt eine neue Ebene der Balance erfahren. Sobald ihr die Welt mit den Augen des Herzens betrachtet, geschieht der Bewusstseinswandel. Dann erkennt ihr jeden Menschen und jede Situationen von innen her und nicht mehr von außen. Dann seht ihr nur noch Gott. Und Gott im anderen Menschen fühlt sich erkannt.

Euer Vertrauen in eure eigene Schöpferkraft wird geprüft. Schaut weit über euren bisherigen Tellerrand hinaus und überwindet eure Begrenzungen der Bewertung ganz und vollständig. Gott in euren Herzen ist weitaus schneller und stärker als jede Handlung, die ihr in der äußeren Welt vollbringt. Gott existiert im Jetzt und hat weder Vergangenheit noch Zukunft. Verbindet eure Gedanken mit eurer inneren Stimme. Denn sie kommt aus dem Zentrum des kosmischen Herzens, aus Galactic Butterfly, wo die Dualität miteinander tanzt und sich nicht gegenseitig bekämpft.

Beginnt die Welt hinter der Leinwand des Lebens zu betrachten und lernt, das Leben schöpferisch und neu aus euren Herzen zu gestalten. Das göttliche Licht existiert in jedem Teil der Schöpfung. DU bist aufgefordert! DU bist Teil dieser Veränderung. Die Transformation auf eurer Erde ist einzigartig und voll Größe und Schönheit.

Keine sogenannte „Dunkelheit", welche die Menschheit heimsuchen will, ist stärker als die Kraft eures eigenen Herzens. Das ist kein Schöndenken, sondern bewusstes schöpferisches Mitwirken bei der Verwandlung eures Lebens. Öffnet euren Blick für diese großartige Chance.

Du und die Welt, ihr seid eins. Deine Verbindung zum Herzen nimmt Einfluss auf das gesamte Kollektiv. Eure eigene Transformation wird immer dem Ganzen zugutekommen. Lasst euer Sein im Licht der Einheit leuchten.

Euer St. Germain, Hüter der violetten Flamme

16. Wegweiser

Die weibliche Schöpferkraft
Die Welt der großen Göttin

Die große Göttin ist der weibliche Teil der Schöpferenergie des Kosmos. Sie ist bekannt als das Licht der Welt. Seit Anbeginn der Zeit ist ihr Platz im innersten Kern der Weisheit.

Im Kosmos schwingt das Prinzip des Ausgleiches in perfekter Weise. Die Gesetze der Harmonie wirken hier in allen großen und kleinen Teilen. Jede Besonderheit, auch alles Unverständliche, hat hier seine Ordnung. Das ist die Welt der großen Göttin.

Wenn du dich mit ihr verbindest, wirst du wieder zu einem untrennbaren Teil der Einheit. Dort führt sie die Dinge in die ursprüngliche Ordnung des Lebens zurück.

Die große Göttin ist auch das fünfte Element, der Äther, der die Welt zusammenhält. Oder auch der Atem der Welt - denn durch den Atem sind wir alle miteinander verbunden.

Patriarchat und Matriarchat

Die weibliche Seite der Schöpfung ist nicht zu verwechseln mit dem früheren Matriarchat. Damals konnten die Frauen mehrere Männer haben. Männer wurden nicht so wichtig genommen, denn sie waren in erster Linie dazu da, um Kinder zu zeugen und um die schweren körperlichen

Arbeiten zu verrichten. Sie waren die Diener der Frauen. Grundsätzlich ging es den Menschen gut dabei.

Als die Frauen ihre Macht missbrauchten, kippte das System. Das war der Beginn des bis heute bestehenden Patriarchats, in dem der Geist über die Materie gesetzt wurde.

Das Männliche dominierte das Weibliche. Das Materielle wurde erniedrigt. Die Frauen wurden unterdrückt. Das Körperliche, besonders Sex und Sinnlichkeit, wurden herabgesetzt, die Frauen und das Materielle ohne Liebe benutzt. Ebenso begann man die Erde zu unterdrücken und auszubeuten.

Die Menschen nutzten nicht mehr die guten, aufbauenden Kräfte von Mutter Erde und der Natur. Es war die Zeit, in der geknechtet und ausgebeutet wurde, in der es Sieger und Verlierer gab.

Die Neue Zeit des Miteinanders hat begonnen

Die große Göttin ist wieder in unser Bewusstsein gekommen. Durch ihre Rückkehr seit 2003 ist schwingungsmäßig eine neue schöpferische Zeit angebrochen.

Das Männliche und das Weibliche können durch den Einfluss der großen Göttin immer mehr in Gleichklang kommen. Beide Seiten, Yin und Yang, finden wieder zueinander.

Auch wenn wir gerade das Gegenteil in der Welt erleben, so sind dies einfach Zeichen eines gewaltigen Sturms, der letztendlich eine reinigende Wirkung hat.

Das Männliche kann sich wieder mit dem Weiblichen zu einer neuen Einheit verbinden. Hierbei dominiert weder das eine noch das andere Geschlecht.

Die Göttin vereint das Weibliche und Männliche in sich

In früheren Zeiten führte die große Göttin ein weises Regiment. Sie symbolisierte nicht nur das Weibliche, sondern das Weibliche mit dem Männlichen vereinigt. Sie ist die Weisheit in der Schöpfung, die alles wieder gleichwertig zusammenfügt.

Immer, wenn die Göttin einen Schöpfungsimpuls verspürt, hört sie im Herzen die Stimme von Galactic Butterfly. Hier meldet sich das männliche Potenzial aller kosmischen Möglichkeiten. Nachdem die Göttin den Impuls empfangen hat, gibt sie den Elementen des Lebens Anweisung zur Erschaffung. Die Elemente des Lebens erfüllen bedingungslos jeden Wunsch der Göttin, denn sie wissen, dass jeder ihrer Befehle ein Zeichen des Himmels ist.

Auch du hast eine innere Göttin und einen inneren Gott. Das sind deine schöpferischen Fähigkeiten und Potenziale, die aus deinem Herzen kommen. Jetzt ist die Zeit angebrochen, in der beide Aspekte wieder harmonisch zueinander finden, um das höhere Ziel des Lebens zu erreichen.

Wir Menschen sind die Diener der Schöpfung.

Zwischen Geist und Materie ist der Thron der Göttin

Im Schnittpunkt der Elemente regiert die Göttin das Leben. Um das tiefer zu verstehen, stelle dir ein gleichschenkliges Kreuz vor, jeder Schenkel repräsentiert ein Element, also

Feuer, Wasser, Luft und Erde. Der Thron der Göttin ist in der Mitte des gleichschenkligen Kreuzes, das ist der Ort zwischen Geist und Materie. Dieser Bereich ist frei von bewertenden Gegensätzen. Um mit dieser Kraft in Berührung zu kommen, stelle dir einfach die Mitte des gleichschenkligen Kreuzes vor. Wenn du Alltagsorgen hast, dann transformiere sie zuerst. Denn nur im wertfreien Zustand hast du Zugang zur inneren Mitte des Kreuzes.

Die Göttin ist die Kraft, die in alle Lebenssituationen den göttlichen Geist einpflanzt, mögen die Probleme auch noch so unvereinbar erscheinen. Dazu bedarf es keiner Anstrengungen, sondern nur deiner Erlaubnis, dass die große Göttin dir mit ihrer göttlichen Kraft hilft, Wunder des Einsseins zu vollbringen.

Die große Göttin lüftet jederzeit den Schleier deiner menschlichen Illusionen. Mit ihrer Kraft erkennst du, wer du wirklich bist und kannst die höheren kosmischen Energien zum Wohle der Ganzheit einsetzen.

Sie fördert deine souveräne Haltung und schenkt dir das höhere kosmische Wissen, damit du über deine Intuition die Zusammenhänge des Lebens erkennst. So kannst du über die weltlichen Begrenzungen hinauswachsen und die Dinge so nehmen wie sie sind. Dadurch gewinnst du mehr Gelassenheit und die Fähigkeit, dich im Alltag nicht mehr so sehr zu verwickeln. Du gelangst in deine Eigenmacht.

Vielleicht hast du bemerkt, dass es manchmal schwierig ist, die höheren Erkenntnisse mit anderen Menschen zu teilen, denn die Göttin ist erhaben über den Dingen und kommuniziert nicht innerhalb der Dualität.

Deshalb ist es manchmal schwierig, spirituelle Gefühle ganz pragmatisch so mitzuteilen, dass andere es nachvollziehen können. In solchen Momenten bist du nicht kompatibel für den Alltag. Daraus kann ein Gefühl der Einsamkeit entstehen. Je mehr du dich jedoch auf die Herzensmitte ausrichtest, je mitfühlender wirst du für die Menschen, die dir nicht folgen können.

Dann kommt es nicht mehr darauf an, spirituelle Erfahrungen zu beweisen, sondern mit der höheren Sicht der Göttin mitfühlend auf alles zu reagieren. Das ist das Ende der Einsamkeit.

Diese Haltung ist eine der wesentlichen Grundvoraussetzungen für das Geistige Heilen.

Heilerin und Vorbild für kosmische Weisheit

Durch die Magie der großen Göttin geschehen Wunder. Als Zentrum aller Elemente ist sie der Mittelpunkt des Lebens selbst.

Die große Göttin ist die mächtigste Heilerin und Gründerin der ältesten weiblichen Mysterienschule der Welt. Sie bildete Frauen in Heilkunst, Medialität und dem geheimen Wissen der Schöpfung aus. Das Ziel dieser Schulungen war die Überwindung der Dualität und die Erreichung der Unsterblichkeit.

Eingeweihte der Göttin konnten durch sich selbst eine Empfängnis initiieren, denn sie hat den männlichen Geist Gottes bis zur Vollkommenheit in sich aufgenommen. Sie steht für die universelle weibliche Kraft, die sowohl die männliche als auch die weibliche Kraft in Perfektion in sich vereint hat. Sie ist die Synthese der beiden Ur-Ströme des Lebens, aus der neue Realitäten und neue Galaxien entstehen.

Ihr Wesen ist erfüllt von Heiterkeit und lichterfüllter Fröhlichkeit. Sie ist voller Liebe zur Schöpfung. Der große himmlische Geist hat sich in ihr zur vollsten Blüte entfaltet.

Die große Göttin ist das All, das Vergangene, Gegenwärtige und Zukünftige. Sie ist die ewige Weisheit vom Ursprung, die das Wissen um die Dinge besitzt, wie sie sind, wie sie waren und wie sie immer sein werden.

Den Schleier der Göttin hat noch kein Sterblicher gelüftet, denn es ist notwendig, dass der menschliche Geist von ihrer Energie durchdrungen wird. Sonst kann er nicht in ihrem Boot in die nächste Phase der Erfahrung geführt werden. Dadurch kann kein menschliches Wesen die Göttin beherrschen. Du, als ihr Kind, kannst nur durch sie in die nächsthöhere Erfahrungsebene aufsteigen.

So haben alle Meister und Meisterinnen dieser Welt immer das physische Leben transformiert und integriert, bevor sie weiter in die kosmischen Bereiche aufsteigen konnten.

Ein spiritueller Aufstieg ohne das Einbeziehen der Materie ist ein Aufstieg in Illusionsbereiche, die noch größere Trennungen erschaffen.

Ereignisse bei der Rückkehr der Großen Göttin

Bei der Rückkehr der großen Göttin traten verschiedene Ereignisse auf, die ihre Präsenz widerspiegeln:

Der Davidstern

Im November 2003 gab es am Sternenhimmel eine einzigartige kosmische Konstellation: Ein Davidstern formatierte sich, der fast alle Planeten miteinander auf harmonische Weise verband.

Dieses Ereignis öffnete ein multidimensionales Portal, das der Menschheit eine der größten Bewusstseinsveränderungen ermöglichte, die jemals von sich entwickelnden Menschen erfahren wurden.

Durch diese kosmische Kreation fing die weibliche Gottespräsenz an, sich schrittweise unserem Bewusstsein wieder zu offenbaren. Damit wurde uns die nächsthöhere Stufe der menschlichen Entwicklung eröffnet.

Entdeckung des neuen Planeten Sedna

Im März 2004, nur wenige Monate nach der kosmischen Toröffnung, wurde astronomisch ein neuer Planet in unserem Sonnensystem gesichtet, dessen offizielle Bekanntgabe am 29. Juli 2005 erfolgte.

Man gab diesem neuen Planeten den Namen Sedna. (Sedna ist der Name einer weiblichen Gottheit, die über die Stürme und Meere regiert.)

Geistiges Heilen etabliert sich wieder

Die Schwingung der Göttin zeigte sich durch ungeahnte Bewusstseinserweiterungen. Im März 2004 wurde das Geistige Heilen aus dem Heilpraktikergesetz herausgenommen.

Die große Göttin, als die Herrin des Heilens, war hier ganz offensichtlich mit am Werke.

Inzwischen ist das Geistige Heilen weltweit bekannt geworden und hat in der Komplementärmedizin einen festen Platz eingenommen.

Die große Göttin und das Kornkreisfeld

Wolfgang Wiederguth, der österreichische Kornkreisforscher, berichtet davon, dass sich Ende der 90iger Jahre die große Göttin bereits ankündigte und sich später in einem Kornkreis zeigte. Das höhere Bewusstsein der Göttin findet in unerwarteten Facetten ihren Ausdruck.

Die Menschheit erwacht in ihre Meisterschaft

Die große Göttin ist die kosmische Kraft, die hinter allen Ereignissen steht und uns hilft, uns aus der Gefangenschaft unserer vielen Identifizierungen zu erlösen.

Durch die Göttin kommen die Dinge an ihren rechten Platz. Die kosmische Gerechtigkeit kann sich wieder in allem zeigen. Wenn wir das gerade nicht so blühend erleben, so ist das einzig und alleine Ausdruck unserer inneren Verhaftungen an die Dualität. Doch sobald wir bereit sind, uns auf das Abenteuer der inneren Freiheit einzulassen, steht uns die Göttin hilfreich zur Seite. Durch sie können wir die göttliche Ordnung in jedem Bereich unseres Bewusstseins, unseres Körpers und der Welt aktivieren. Das ist Geistiges Heilen auf höchsten Ebenen.

Die Göttin hat uns die Schmetterlinge geschickt, damit wir lernen können, wie Verwandlung geschieht. Die Herrin des Lebens hat ihre Flügel über uns ausgebreitet.

Bist du bereit, das große Geschenk der Göttin annehmen?

Dann komm mit auf die Reise zum nächsten Wegweiser.

Große Göttin

17. Wegweiser

Transformation auf Zellebene
DNA – dein Schöpferpotenzial

Alles Leben, alle Pflanzen, Tiere, Wesen - jede Form in der Schöpfung – hat den gleichen genetischen Informationsträger, das heißt eine gleichartige DNA. Der Aufbau und die molekulare Struktur deiner DNA sind identisch mit der DNA aller anderen Lebewesen. Im Makrokosmos wie im Mikrokosmos ist alles eins.

Die DNA sieht aus wie eine Leiter, die um sich selbst gewunden ist. Man könnte sagen, es ist die Himmelsleiter unseres Lebens. Nur die Abfolge der Basen auf den DNA-Leitern macht jedes Lebewesen unverwechselbar und einzigartig. Dein gesamtes genetisches Schöpferpotenzial ist in der DNA deiner Körperzellen gespeichert.

Laut wissenschaftlicher Erkenntnisse nutzen wir Menschen jedoch nur 5 % unserer DNA-Substanz für den Aufbau des physischen Körpers. Die restlichen DNA-Abschnitte wurden lange als sog. Junk-DNA bezeichnet, bis auch die Wissenschaft eine Funktion für die Evolution erkannte.

Aus spirituellem Blickwinkel betrachtet, sind die restlichen 95% DNA-Informationen feinstoffliche Schwingungen, über die wir mit dem gesamten Kosmos kommunizieren können. Die feinstoffliche DNA dient als Plan für ein hoch vernetztes intelligentes Informationssystems, das uns mit „allem was ist" vernetzt.

Die DNA ist eine Antenne für neue höhere Schwingungen, die dem Aufbau unserer Körperintelligenz dienen.

Unsere 95 % angeblich brachliegenden feinstofflichen Sensoren der DNA sind hoch schwingende Informationsträger, mit denen wir unseren Körper auf neue Weise regenerieren können, wir können uns sogar verjüngen. Letztendlich tragen wir Menschen sogar das Potenzial der Unsterblichkeit in uns.

Dafür müssen wir das Tor der Zeitlosigkeit auf Zellebene öffnen. Dies kann durch den kosmischen Verjüngungsstrahl geschehen, mit dem wir unser menschliches Potenzial bis auf Zellebene anheben. Dieser Strahl kommt aus Galactic Butterfly, er ist die Rückerinnerung an deine Ur-Fähigkeit, auf der Zellebene heilsame Prozesse zur Zellregeneration zu bewirken.

Der Verjüngungsstrahl ist schöpferisch

Ob du unsterblich wirst, vermag ich nicht zu sagen. Doch mit Sicherheit erhältst du durch den Verjüngungsstrahl die Chance, dich schrittweise zu verjüngen und ganzheitlich zu regenerieren.

Solange wir nur 5 % unserer DNA-Substanz nutzen, reiben wir uns mit der Dichte der dreidimensionalen Energien. Die Aktivierung des Verjüngungsstrahls macht deinen Körper lichtvoller, sodass du durchlässiger wirst für störende Energien, die auf den Körper einwirken.

Mit dem Verjüngungsstrahl beginnt ein neuer Abschnitt in deiner menschlichen Entwicklung. Du kannst dich verjüngen und in einen Prozess der physischen Erleuchtung bis auf Zellebene eintreten.

Der Verjüngungsstrahl gehört zu den weiblichen Hüterinnen der Ewigkeit. Diese Energie ist auch verbunden mit den Elementen Feuer, Erde, Wasser, Luft und Äther. Auch du bist aus diesen fünf Elementen erschaffen.

Fühle die Anwesenheit des Verjüngungsstrahls.

- Spüre tief in dich hinein und sieh wie deine kreative Kraft vom inneren Feuer in Balance gebracht wird.
- Fühle wie dich die Erde trägt und geborgen in ihrem Schoß hält.
- Erlaube, dass dein inneres Wasser die Beziehung zu dir selbst ins Herz bringt.
- Auch deine Luft, deine Gedanken werden zum Strahlen gebracht.
- Im Zentrum der Elemente vereinen sich die Kräfte. Spüre, dass du schöpferisch wirken kannst.

Nun gehe eine Ebene tiefer in dich hinein. Stelle dir deine DNA bildhaft vor, wie sie im Zellwasser schwimmt. Sieh die gewundene Himmelsleiter, die dich mit deinem kosmischen Schöpferpotenzial verbindet.

Auf den Leitersprossen sind deine Gene angeordnet. Es ist die Sprache deines göttlichen Bauplans. Je klarer die DNA Sprache ist, desto deutlicher können deine Zellen die Informationen aufnehmen und verarbeiten.

Das Ritual zur Einweihung

Erde dich - nimm Herzensverbindung auf - sei neutral - spüre dein inneres Kind im Unterbauch - gehe zu deinem Seelenstern - bringe die Energie in die Erde - lasse die Energien verschmelzen – wandere mit der vereinigten Energie nach oben – durch die Füße – durch alle Chakren – durch deinen Seelenstern - bis zum Galactic Butterfly.

Du siehst, wie eine strahlende weibliche Gottheit auf dich zukommt – es ist der Verjüngungsstrahl - ihr begrüßt euch von Herz zu Herz – du spürst, wie ihr euch über eure Herzen vereinigt – sie verbindet dich mit den kosmischen Licht-Zeit-Zonen der Ewigkeit. Fühle deine Grenzenlosigkeit.

Wandere mit dem Verjüngungsstrahl in deinem Herzen zurück zu deinem Körper - durch deinen Seelenstern - in dein Kronenchakra – durch die Mitte deines Gehirns – in deine Zirbeldrüse – dein Hormonsystem wird jetzt mit der Energie des Verjüngungsstrahls aufgeladen - du gehst weiter mit dem Verjüngungsstrahl zur Zellebene – durch den Zellkern – auf die DNA.

Auf der DNA öffnet sich ein goldenes Tor – es ist der Zugang zu deiner genetischen Bibliothek – du siehst 23 Bücher – es sind deine 23 Chromosomenbände – der Verjüngungsstrahl in deinem Herzen zeigt dir jetzt einen neuen Band – vor deinem inneren Auge wird der 24. Chromosomenband sichtbar – es ist dein feinstofflicher 24. Band – dein Navigator zur Integration höherer Zellinformationen.

Dein 24. Chromosomenband kreiert neue Informationspfade für höhere kosmische Schwingungen auf der DNA.

Der Verjüngungsstrahl erweckt deine Triple Helix – das ist dein dritter DNA-Strang – er ist deine ordnende Elemente-Matrix auf der DNA – du hast damit die Fähigkeit, deine Elemente jederzeit von innen her in die richtige Ordnung zu bringen.

Wie bereits im Johannesevangelium 17,16 steht, sagte Jesus in seinem hohepriesterlichen Gebet, dass wir Menschen nicht von dieser Welt seien - durch die Aktivierung der Triple Helix wird dein genetisches Energiefeld mit dem Licht der Sterne, aus dem du vor Urzeiten einmal hervorgegangen bist, verbunden - das ist es wohl, was uns Jesus seinerzeit vermitteln wollte.

Die platonischen Körper werden nun aktiviert – diese stellen das geometrische Gleichmaß dar – es folgen die kosmischen Farb- und Lichtcodierungen – das sind die Strahlen deiner Schöpferkraft, die angeregt werden – auch dein kosmischer Ton bekommt eine Auffrischung – du wirst im Leben deutlicher erkannt und gehört – nun wirst du mit dem kosmischen Nährboden auf der DNA verbunden – deine Zellen können jetzt höher schwingende Nährinformationen aufnehmen – nun kommst du in tiefere Verbindung mit der Kristallebene der Erde – dein menschliches Ur-Potenzial kommt ins Schwingen.

Der Verjüngungsstrahl vertieft in dir die Informationen des unsterblichen Lebens - es ist das Wissen, dass jede Körperzelle unsterblich ist – atme die Energie des unsterblichen Lebens ein – mit deinem Ausatmen strömt die Energie der Ewigkeit in jeden Bereich deiner DNA – fühle, dass du unsterblich bist - alle körperlichen Funktionsabläufe werden durch die neuen Zellinformationen belebt - und mit jedem Atemzug verstärkt.

Jetzt kommen die Schmetterlings-Engel - sie aktivieren an dieser Stelle noch einmal deinen inneren Schmetterling – du hast ihn bereits mit der Seelenverschmelzung ins Leben gerufen – mit dem Flügelschlag der Schmetterlingsengel kommen neue Buchstaben- und Zahlenabfolgen in dein Energiefeld – sie aktivieren deine neuen Imagozellen – das sind die Zellen, die das Zukünftige in sich tragen.

Deine Lebensgeschichte wird durch den Flügelschlag der Schmetterlinge bis auf Zellebene neu geschrieben – zum Wohle des Ganzen.

Die Einweihung wird durch den Verjüngungsstrahl im Zentrum deines Herzens bis in die DNA hinein besiegelt. Du kannst fortan durch bewusste Absicht deinen Zellstoffwechsel beeinflussen.

Wie du den Verjüngungsstrahl aktivierst

- Belebe den Verjüngungsstrahl jeden Morgen nach dem Aufwachen. Sage, dass dieser Tag dich in jeder Lebenssituation glücklich macht, dass du dich jetzt verjüngt fühlst und auf allen Ebenen zum Erwachen kommst.

- Eine gute Gelegenheit zur Aktivierung des Verjüngungsstrahls bietet sich z.B. morgens nach dem Aufwachen. Du kannst bewusst durch die einzelnen Schritte des Einweihungsrituals gehen (schreibe die Schritte in Kurzform auf oder merke sie dir).

- Du kannst den Verjüngungsenergie aber auch einfach durch alle Chakren strömen lassen, durchs

Hormonsystem, alle Organe und alle Zellen. Du weißt ja, die Energie folgt der Aufmerksamkeit.

- Der Verjüngungsstrahl lässt sich auch zu Problemzonen im Körper lenken. Der Verjüngungsstrahl ist eine sehr starke Heilungsenergie.

- Die Energie des Verjüngungsstrahls kannst du als heilenergetische Anwendung auch für Geistiges Heilen mit Klienten einsetzen.

- Und nicht zuletzt ist der Verjüngungsstrahl transformierend für alle Bereiche des Lebens, ob das Beziehungen sind, der berufliche Alltag oder auch die finanzielle Lage. Denn der Verjüngungsstrahl ist die Kraft der ewigen Regeneration.

Verjüngungsstrahl im Alltag

Frage deinen Körper, welches biologische Alter er am schönsten findet. Dann integriere dieses Alter auf Zellebene, indem du sagst: Jetzt, in diesem Augenblick entscheide ich, dass mein ideales biologisches Alter xx Jahre ist.

Wann immer du müde bist, gestresst oder frustriert, dann sage die magische Belebungsformel: Zellverjüngung (dein ideales biologisches) Alter! Warte einen Moment, bis dein Körper diese Information angenommen hat. Fühle dich glücklich. Dann bewirken die Zellen eine verjüngende biochemische Veränderung in deinem Körper.

Rufe die Schmetterlings-Engel und sage: *"Bitte flattert die Geschichte meiner Zellverjüngung in die Aura rein"*. Einen Moment warten, bis du glücklich bist, dann können deine Visionen wirken.

Wiederhole während des Tages immer mal wieder: *"Ich liebe mich! So wie ich bin."* Das ist deine Umschaltformel, die dich jederzeit mit den Energien der Zellverjüngung verbindet.

Vermeide Angst, Abwehr, Schmerz, Leid, Moral und Schuld, denn das sind Energien, die den Alterungsprozess beschleunigen. Jede Situation, die du bewertest, ist auch ein Teil von dir.

Wenn du dem Leben freundlich und wertschätzend begegnest, wirst du dich von innen her verjüngen. Denn die Zellverjüngung braucht Glückshormone! Die du selbst durch positive Einstellung aktivieren kannst. Sei einfach positiv, egal aus welchem Grund!

Erlaube deinen Gedanken nicht, Macht über dich zu gewinnen. Denn was du denkst, das erschaffst du.

Die äußere Welt ist immer ein Spiegel von dir. Alles Schöne, was du erkennst, ist ein Teil deiner eigenen Schönheit. Alles Hässliche, Ängstliche und Neidische ist ein Spiegel deines inneren Mangels. Sei dankbar für diese Spiegel. Sie helfen dir, dich selbst zu erkennen.

Löse dich von der Illusion des Mangels

- Stelle dein Bewusstsein auf den neuen Sender ein.
- Entscheide dich täglich für Liebe und Vollkommenheit.
- Nutze alle deine menschlichen Ressourcen.
- Verbinde dich mit deiner Seele.
- Bleibe geerdet, sei dankbar.
- Transformiere deine Lebensblockaden.
- Aktiviere deine Zellverjüngung.
- Lade die Schmetterlings-Engel ein.
- Sie lassen die Lichtdaten für deine neue Lebensgeschichte in deine Aura hinein flattern.

18. Wegweiser

Reset-Programm zur Transformation
Was ist ein energetisches Reset

Nun zeige ich dir noch ein weiteres Ritual zur Transformation von Blockaden. Das ist das Reset-Program.

Das Wort Re-set bedeutet, zurücksetzen. Du kennst diesen Begriff sicherlich von deiner Computerarbeit. Wenn die Programme nicht mehr ordnungsgemäß funktionieren, kannst du deinen Computer neu starten, damit die Daten durch das elektronische System wieder in einen ordentlichen Zustand versetzt werden. Hierfür gibt es an deinem Computer eine Reset Taste oder du fährst den Computer einfach runter und startest neu.

Nach dem gleichen Prinzip kannst du auch deine fehlgesteuerten Lebensenergien runterfahren, um sie ganz unten, im Zentrum der Erde, wieder in die Ordnung zurücksetzen zu lassen.

Das betrifft die alltäglichen Situationen in Alltag und Beruf, die irgendwie verhakt sind und nicht richtig funktionieren. Wenn du immer wieder in gleiche unbefriedigende Situationen hineingerätst, Stress, Frust, Aggression erlebst, Mobbing oder dich einfach nur so unwohl fühlst, dann ist es sinnvoll, ein energetisches Reset zu machen.

Beim energetischen Reset kannst du jedes karmische Thema bearbeiten - wie auch schmerzvolle Erfahrungen, an denen du gerade leidest. Wenn du deinen inneren

Computer wieder hochfährst, bist du mit frischen Energien aufgeladen. Du erlebst ein spirituelles Update deiner Energien und kannst wieder fehlerfrei im Leben weiterarbeiten.

Das Reset Programm wird begleitet von den Schmetterlingswesen. Ich war sehr erstaunt, als ich das Ritual zum ersten Mal kennen lernte, weil ich mir schlecht vorstellen konnte, dass die Schmetterlinge mit Computertechnologie arbeiten. Doch sie versicherten mir, dass der gesamte Kosmos mit mathematischen oder eben „computertechnischen" Methoden arbeitet und dass alle Engel, Meister und kosmische Wesenheiten in ein großes intergalaktisches „Computersystem" eingebunden sind.

Unser „irdisches Computersystem" ist ebenfalls mit dem intergalaktischen System vernetzt. Es ist sozusagen ein kosmisches Geschenk an uns Menschen, damit auch wir vielschichtige Arbeitsprozesse weltweit vernetzt abwickeln können. Das energetische Reset, was ich dir hier vorstelle, steht also in direkter Verbindung mit den kosmischen Computern der göttlichen Sphären.

Unsere Körperfunktionen arbeiten so perfekt zusammen, wie der beste Computer der Welt es kaum schaffen könnte. So stellen wir am besten gleich die Verbindung zu den höheren Sphären her. Schließlich ist die Schöpfergöttin die Chefin vom „größten Computer" unserer Galaxie. Sie hilft uns, dass wir unsere Lebensprogramme in die kosmische Schönheit und Vollkommenheit zurücksetzen. Sie wird von den Schmetterlings-Engeln begleitet, denn sie sind die Formgeber unserer neuen Entwicklung.

Jetzt ist die Zeit gekommen, wo wir nicht mehr an Karma gebunden sind, wir dürfen das Unbrauchbare loslassen und neue Entscheidungen treffen. Sozusagen einen Neustart im Leben machen. Hierzu lade ich dich ein.

Das Ritual zur Einweihung „Reset"

Sieh, wie dein Schmetterlings-Engel als Wegbegleiter an deiner Seite ist. Spüre die liebevolle lichtvolle Anwesenheit. Dein Schmetterling lächelt dir zu und zeigt mit dem Finger auf einen kristallenen Fahrstuhl, der sich 3 Meter vor dir befindet. *„Komm lass uns zum Fahrstuhl gehen,"* sagt er, *„um deine ganzen Fehlprogramme und Konflikte runterzufahren. Du kannst sie im tiefsten Inneren der Erde wieder an die Göttin zurückzugeben".*

Bist du bereit?

Dann gehe jetzt mit deinem Schmetterling zum kristallenen Fahrstuhl. Er ist erschaffen aus dem Stoff der Ur-Materie und wird dich in die lichten Felder der Erde runterfahren.

Aus dem Inneren des Fahrstuhls leuchtet und glitzert ein sehr helles kristallines Licht. Dieses Licht kennt keinen Schatten, es leuchtet bedingungslos. Dein Schmetterling öffnet mit Gedankenkraft den goldenen Türgriff. Der Fahrstuhl öffnet sich und gemeinsam betretet ihr den inneren Raum. Die Türe schließt sich automatisch wieder. Du siehst, dass der Fahrstuhl Tasten für 12 Etagen hat, dein Schmetterling berührt die unterste Taste und sagt, „wir fahren jetzt ganz runter".

Während ihr gemeinsam sanft nach unten fahrt, bemerkst du heilsame violette und silberne Strahlungen, die aus dem Urlicht heraus schimmern. Wunderschöne Herzensmusik ertönt im Raum. Je weiter du nach unten fährst, desto entspannter fühlst du dich.

Jetzt macht der Fahrstuhl einen sanften Ruck, die Türe öffnet sich von selbst und gemeinsam mit deinem Schmetterling gehst du aus dem Fahrstuhl heraus. Dein Wegbegleiter deutet auf die linke Seite und sagt, *"Schau, das ist das Tor deiner Geburt, hier bist du hergekommen, als du geboren wurdest. Hier unten begegnet sich der Anfang und das Ende der Welt. Hier kann auch für dich ein neues Leben beginnen"*.

Richte deine Aufmerksamkeit nun auf die rechte Seite. Siehst du diesen wunderschönen gewundenen Pfad? In der Ferne leuchtet ein warmes rotes Licht. Du bemerkst jetzt eine weibliche Lichtgestalt, die immer näher kommt. Es ist die große Göttin im Innersten der Welt. Sie ist die Schöpferin mitten in der Schöpfung selbst.

Jetzt steht sie vor dir, sie hat ihre Arme ausgestreckt. Mit offenen Händen ist sie bereit, um zu empfangen, was du ihr geben möchtest. Dein Schmetterling ermutigt dich und sagt, *"Gib der Göttin alle deine Sorgen, gib ihr dein Leid. Sage dabei jedes Mal: Göttin, das brauche ich nicht mehr, das gebe ich in deine Obhut zurück"*.

Erlaube, dass innere Bilder auftauchen, alte Erinnerungen an Konflikte. Nimm deine feinstofflichen Arme und Hände, greife in deinen Körper hinein, in deine Aura, und hole ganz konkret alles raus, was du nicht mehr brauchst. Den Stress am Arbeitsplatz, frustrierende Lebensgefühle, Situationen, die nicht richtig funktionieren, unbefriedigende Beziehungen, in die du verwickelt bist oder auch Belastungen durch

Elektrosmog. Du darfst der Göttin alles geben. Du brauchst nichts zurückhalten.

Beginne nun mit der Reinigung. Sage jedes Mal: Göttin das brauche ich nicht mehr, ich gebe es in deine Obhut zurück. Lass alles los. Du brauchst keine Angst zu haben, dass die Göttin schmutzig wird, denn alles was du ihr gibst, verwandelt sich sofort in das Urlicht der Schöpfung. Dein Schmetterling unterstützt dich dabei.

Wenn du dich seelisch und körperlich erleichtert fühlst, bedanke dich bei der Göttin. Gib deinem Schmetterling ein Zeichen, gemeinsam geht ihr zum Fahrstuhl zurück. Die Türe öffnet sich, ihr tretet ein, dann schließt sich die Türe wieder.

Du beginnst deine Heimreise. Der Fahrstuhl hält jetzt 12 mal. An jeder Station werden die Löcher deiner Energiefelder, wo du deine Konfliktthemen herausgelöst hast, mit neuer Energie und „kosmischer Software" aufgeladen. Du beginnst damit, deinen inneren Computer wieder hochzufahren.

Station 1 – Das Karma deiner Verwicklungen, die du abgegeben hast, löst sich vollkommen in jedem Winkel deines Bewusstseins auf. Spüre dass sich deine karmischen Irrtümer in neue Lebenskraft verwandeln.

Station 2 - Der silberne Strahl der Gnade wird jetzt aktiviert. Du erkennst eine silbrig schimmernde Wesenheit, sie lässt ihre Energien in deine Aura hinein schwingen und befreit dich von „Schuld und Sünde". Sie erlöst dich aus den unendlichen Irrtümern der Schuld in den Themen, die du losgelassen hast.

Station 3 – Du erkennst den smaragdgrünen Strahl der Heilung. Er durchströmt dich vollkommen bis auf Zellebene. Jeder Bereich deines Wesens darf Heilung erfahren. Heilung im Sinne der kosmischen Ordnung und Gerechtigkeit.

Station 4 – Die violette Flamme der Wandlung wird sichtbar. Sie durchflutet deine irdischen Chakren, deine Aura und alle Zellen bis in die DNA. Alle Erfahrungen der Getrenntheit vereinen sich in der Flamme. Es darf wieder etwas ganz Neues entstehen in dir und deinem Körper.

Station 5 – Dein Samenkorn der Vollkommenheit wird aktiviert. Jeder Mensch ist ein kosmisches Samenkorn. Es schwingt wieder in alle Bereiche deines Bewusstseins. Du bist vollkommen, so wie du bist. Du bist ein göttliches Samenkorn.

Station 6 - Die allumfassende Liebe der Einheit durchströmt dein Sein. Fühle diese Liebe, die dein Schmetterling in deinem Herzen aktiviert. Du bist Liebe, der gesamte Kosmos ist Liebe.

Station 7 - Alles was existiert ist eine heilige geometrische Form. Nachdem du deine verzerrte Geometrie an die Göttin abgegeben hast, kann die heilige perfekte Geometrie wieder in dein Bewusstsein strömen. Du darfst wieder vollkommene Schöpfungen hervorbringen.

Station 8 - Jetzt erreichen dich auch die schöpferischen Farb- und Lichtschwingungen. Sie wirken durch dich und um dich herum. Du darfst neue Kreationen erschaffen, das kosmische Licht in all seinen Facetten darf wieder durch deinen Visionen wirken. Du bist ein Ausdruck der kosmischen Vielfalt.

Station 9 - Dein Ur-Ton aus den kosmischen Tonhallen klingt jetzt wieder klar und rein durch dich. Durch alle Resonanzfelder deines Körpers, in alle Bereiche der Schöpfung. Dein Ton wird im kosmischen Weltenchor erkannt, deine Melodie durchströmt alle Facetten deiner irdischen Wirklichkeit. Du wirst gesehen, gefühlt und gehört, so wie du wirklich bist. Du bist ein wertvoller Ton im Kosmos.

Station 10 - Du wirst mit den Hütern der Kristalle verbunden. Die Weisheit der Erde erreicht dich über das Reich der Natur, über Landschaften, Berge, Flüsse und über Luftwesen. Fühle dich tief verbunden mit der Weisheit der Erde.

Station 11 - Die Engel, Meister und kosmischen Wesen der Einheit umgeben dich. Kosmos und Erde wirken harmonisch durch dich. Sie zeigen dir den Weg zurück in den Garten Eden. Hier ist alles was existiert am rechten Platz. Die geistigen Wesen helfen dir, dass du zu deinem Ursprung zurück findest, zu deinem wahren Platz in der Existenz.

Station 12 – Dein Schmetterlings-Engel hat noch ein ganz besonderes Geschenk für dich. Es ist die Meisterin der Transformation. Sie belebt deinen inneren Schmetterling und verbindet dich mit der sechsten Dimension der Freude.

Nun macht der Fahrstuhl halt. Du bist wieder oben angekommen. Die Türe öffnet sich und gemeinsam verlasst ihr den kristallenen Fahrstuhl.

Dein innerer Computer ist nun hochgefahren und hat einen Neustart gemacht.

Deine Chakren leuchten wie wundervolle Diamanten. Du bist das Licht der Welt, lass es fortan hell leuchten.

Dein Schmetterlings-Engel sagt:

Liebe dich, lobe dich, ehre dich und preise dich, weil du ein göttliches Wesen bist. Die Sonne der Glückseligkeit erstrahlt aus deinem Herzen.

Reset

19. Wegweiser

Samenkorn der Vollkommenheit
Den Bauplan zum Herzen freilegen

Jeder Mensch ist ein Samenkorn der Vollkommenheit. Jedoch haben die meisten von uns vergessen, dass sie göttliche Wesen sind. Die Schmetterlings-Engel sind gekommen, um dich an die ursprüngliche Schönheit und Perfektion deines Seins zu erinnern. Sie helfen dir, die alten verschütteten Wege zum Bauplan im Herzen wieder freizulegen.

Das Samenkorn der Vollkommenheit ist eine Einweihung in unser elementares menschliches Bewusstsein. Alle Bereiche deines Lebens können sich damit reinigen und erleuchten, die verborgenen Geheimnisse des Lebens kommen ans Tageslicht. Wir brauchen keine äußeren Meister mehr. Mit der Integration unseres Samenkorns werden wir uns der eigenen Meisterschaft im Leben bewusst.

Dein Samenkorn hilft dir, eins mit dem Leben und der gesamten Schöpfung zu werden. Du erkennst, dass es zwischen dir und den anderen Menschen keinen Unterschied mehr gibt.

Du kannst die Energie der Einweihung in alle Lebensbereiche lenken: In deine Arbeit, deine Beziehungen sowie als heil-energetische Schwingung in alle Bereiche des Körpers. Wo immer du bist, wo immer du Konflikte erlebst, kannst du das Samenkorn hinlenken, indem du dich auf diese Schwingung einstimmst.

Indem du die Energie deines Samenkorns bündelst, erschaffst du auf der feinstofflichen Ebene ein Erfahrungsfeld der Vollkommenheit. Du wirst merken, wie sich die Energien um dich herum harmonisieren. Es fällt dir leichter, innerlich einen Schritt zurücktreten und dich aus jeder mentalen oder emotionalen Verhakung herauszulösen. Das gibt dir die Freiheit, schwierige Situationen neu und befreiend zu gestalten.

Mit deinem Samenkorn der Vollkommenheit gewinnst du ein größeres Spektrum deiner Eigenmacht und Handlungsfreiheit.

Wenn du regelmäßig bewusst mit deinem Samenkorn arbeitest, wird dein Schmetterlings-Engel tiefer mit dir zusammen arbeiten. Dein Schmetterling macht dich darauf aufmerksam, wenn du nicht in deiner Mitte bist, also unbewusst neben der Spur läufst. Auf diese Weise kannst du immer wieder eine Korrektur vornehmen, und schrittweise immer leichter ein Erfahrungsfeld der Vollkommenheit um dich herum aufbauen.

Das Symbol für dein Samenkorn ist eine goldene Kugel. Es befindet sich im Zentrum der Elemente genauso wie im Zentrum deines Herzens und im Zentrum deiner Zellen und Gene.

Dein Samenkorn schafft eine Ausgleichung zwischen allen Aspekten des Lebens. Immer wenn etwas aus der Harmonie geraten ist, dann weißt du, dass du nicht in Übereinstimmung mit deinem Samenkorn bist. Wenn also etwas aus den Fugen gerät, dann weißt du, dass du dich mit deinem göttlichen Samenkorn wieder verbinden kannst.

Mit deinem Samenkorn kommst du schrittweise in eine neue Größenordnung deines Menschseins.

Jeder Mensch findet eines Tages zurück zur Ur-Quelle des Lebens, aus der wir alle hervorgekommen sind. Durch dein Samenkorn der Vollkommenheit wird dieser Prozess in unsagbarer Weise beschleunigt. Du kannst deine Göttlichkeit auf Erden leben.

Einweihung Samenkorn der Vollkommenheit.

- Setze dich bequem hin. Deine Füße stehen auf dem Boden. Spüre deine Fußsohlen und erde dich.

- Dein Schmetterling ist an deiner Seite. Er begleitet dich durch die ganze Einweihung.

- Stelle dir vor, wie sich die Energien der Himmelsrichtungen Osten, Süden, Westen und Norden in perfekter Harmonie ausrichten und sich im Zentrum der inneren Mitte, also im Bereich des Äthers, vereinen. Diese perfekte Ausrichtung wird von deinem Schmetterling unterstützt.

- Konzentriere dich noch einmal auf deine Fußsohlen. Trommle leicht mit den Fersen auf den Boden. Verstärke deine Verbindung zur Erde.

- Atme dreimal tief ein und aus und lasse deinen Alltag jetzt ganz los.

- Gehe mit deiner Aufmerksamkeit zu deinem Unterbauch, spüre dein inneres Kind. Dein inneres Kind hilft dir, die verletzten Anteile deiner Persönlichkeit zu heilen.

- Gib deinem inneren Kind Respekt und sage, dass du eins werden möchtest mit ihm. Sage zu deinem inneren Kind: Ich liebe uns bis in alle Ewigkeit.

- Spürst du die Ausdehnung in deinem Unterbauch? Das ist ein Zeichen, dass sich dein inneres Kind entspannen kann. Auch du fühlst dich wohl.

- Behalte während der gesamten Einweihung deine Füße auf dem Boden. Trommle immer mal wieder mit den Fersen, das verstärkt deine Erdung.

- Gehe nun mit deiner Aufmerksamkeit zur Mitte deiner Brust. Zu deinem Herzchakra, dem Zentrum deiner Göttlichkeit.

- Visualisiere ein goldenes gleichschenkliges Kreuz vor deinem Herzchakra.

- F e u e r: Am oberen Teil des Kreuzes befindet sich das Element Feuer. Sieh wie das Feuer lebendig lodert. Vielleicht kannst du sogar den Geruch von brennenden Hölzern wahrnehmen.

- L u f t: Auf der rechten Seite befindet sich das Element Luft. Sieh und spüre, wie der Wind alles heftig durchpustet, vielleicht ist der Wind auch sanft wie ein Elfenhauch.

- W a s s e r: Am unteren Ende des Kreuzes befindet sich das Element Wasser. Spürst du das lebendige Wasser?

Vielleicht siehst du sogar die Quelle, einen Fluss, einen See oder auch die Wellen des Ozeans. Fließendes Wasser.

- E r d e: Auf der linken Seite des Kreuzes befindet sich das Element Erde. Satte gute Erde. Kannst du den Duft der Erde riechen, die Erde fühlen?

- Alle vier Elemente sind in der geordneten Position vor deinem Herzen.

- Ä t h e r: In der Mitte deines gleichschenkligen Kreuzes befindet sich das Element Äther. Das ist der Ort, wo Schöpfung geschieht, wo die Göttin das Leben regiert. Hier befindet sich dein goldenes Samenkorn.

- W e l t: Im Zentrum der Elemente befindet sich die Welt, das ist die Erde auf der du lebst. Sieh die Erde als wunderschöne Weltkugel.

- Erkenne, dass unsere Welt eine Wesenheit ist, die im Zentrum der Elemente lebt.

- Und nun erlaube, dass sich dein gleichschenkliges Kreuz langsam zu deinem Herzen bewegt und in dein Herzchakra einfließt.

- Die Weltkugel ist nun in der Mitte deines Herzens. Spüre dich selbst in der Welt und erkenne, wie dein Leben jetzt eine neue Ordnung erfährt - in der Ausgeglichenheit der Elemente.

- Dein eigenes Leben ist in der Ordnung der Liebe, im innersten Kern deines Herzens.

- Wie fühlt sich das an? Kannst du deine Verbundenheit mit dir selbst und der Erde spüren? Öffne dein Herz für die Schöpfung und das lebendige Leben.

- Spüre wie dein Schmetterling ganz präsent neben dir steht. Fühle seine Anwesenheit. Du kannst ihn sehen oder weißt einfach, dass er da ist.

- Dein Schmetterling erweckt das göttliche Samenkorn in dir. Er entflammt die Energie deines Samenkorns in der Weltkugel, in deinem Leben, inmitten deines Herzens, jetzt.

- Spüre die neue Energie. Das ist dein göttliches Samenkorn.

Du machst mit deinem göttlichen Samenkorn eine Reise durch die Energiefelder deines Körpers.

- Die Energie steigt von deinem Herzchakra nach oben in dein Kehlchakra - weiter in dein drittes Auge - zu deinem Kronenchakra – und zu deinem Seelenstern.

- Kannst du deinen Seelenstern spüren? Dein Schmetterling aktiviert hier noch einmal die neue Energie. Du brauchst dich nur zu öffnen für die Energie der Vollkommenheit, für dein göttliches Samenkorn.

- Nun geht die Reise deines Samenkorns als goldene Energie zurück zu deinem Kronenchakra - in dein drittes Auge – von hier in die Mitte deines Gehirns.

- Lass die goldene Energie in Form einer liegenden Acht um beide Gehirnhälften kreisen. Visualisiere dreimal die liegende Acht. Dadurch können sich beide Gehirnhälften leichter synchronisieren.

- Die Mitte deines Gehirns hat eine Verbindung zu deinem Hormonsystem, hier ist auch die Schnittstelle deiner liegenden Acht. Lass die goldene Energie von hier in dein Hormonsystem strömen. Die Energie folgt deiner Absicht, auch wenn du nicht genau weißt, wo die einzelnen Drüsen liegen. Hauptsache du weißt, dass es geschieht.

- Lenke die goldene Energie zuerst in deine Zirbeldrüse - die Hypophyse - die Schilddrüse - die Thymusdrüse - die Bauchspeicheldrüse - die Keimdrüsen - und die Nebennieren.

- Lass die Energie vom Hormonsystem in deine Körperzellen strömen. Sieh, wie deine Zellen im goldenen Licht leuchten. Spüre, wie sich das Licht überall in deinem Körper ausdehnt.

- Die Energie dehnt sich über deine Zellen auf deine DNA aus. Hier verstärkt dein Schmetterling noch einmal die goldene Energie deines Samenkorns.

- Lass die Energie in die Vergangenheit strömen, zu den Informationen deiner Ahnen. Du bist bis sieben Generationen in die Vergangenheit hinein mit deinen Ahnen auf Zellebene verbunden.

- Lass das goldene Licht durch alle Ahnen-Informationen auf deiner DNA strömen.

- Nun geht die Reise zu deinen unteren Chakren. Lass die goldene Energie zu deinem Sonnengeflecht – Polaritätschakra – und Wurzelchakra strömen.

- Von hier durch deine Beinen - zu deinen Füßen. Öffne deine Fußchakren, sie befinden sich unter deinen Fußsohlen. Lass die Energie von hier in die Erde einfließen. Dein Schmetterling unterstützt dich dabei.

- Tief in der Erde gibt es einen geheimen Ort. Ich nenne ihn erleuchtete Materie. Sie befindet sich in der Verlängerung zu deiner Wirbelsäule, also direkt unter dir, tief in der Erde.

- Wenn du diesen Bereich spürst, lass deine goldene Energie zu diesem Bereich strömen. Du spürst, wenn du in der leuchtenden Materie angekommen bist. An diesem Ort haben alle aufgestiegenen Meister und Meisterrinnen ihr Samenkorn der Vollkommenheit eingepflanzt. Auch du darfst dein Samenkorn an deinem ureigenen Platz in der erleuchteten Materie einpflanzen.

- Lass dich nun von deinem Wegbegleiter Schmetterling zu deinem Platz führen. Du erkennst deinen Platz, du spürst, dass dieser Platz schon immer existiert hat, noch lange bevor du geboren wurdest. Voll Freude empfängt Mutter Erde dein Samenkorn.

- Nimm nun deine feinstofflichen Hände und schaufle ein kleines Loch in die Erde und lass deine goldene Energie in die Kuhle einströmen. Buddle das Loch jetzt wieder zu, bis die Energie von der Erde bedeckt ist.

- Spüre, wie der Boden unter deinen Füßen vibriert. Die Erde ist ergriffen von den Schwingungen deines Samenkorns.

- Lege deine Hände auf diese kleine Kuhle, sende der Energie deines Samenkorns Liebe und Dankbarkeit. Du spürst nun, wie alle Meister und Meisterinnen des göttlichen Samenkorns ebenfalls ihre Hände über deine Hände legen, auch dein Schmetterling legt seine Flügel schützend über die Hände. Du erhältst die Weisheit von allen Meistern und Meisterinnen des goldenen Samenkorns. Gemeinsam segnet ihr dein goldenes Samenkorn.

- Du bemerkst nun, wie dein goldenes Samenkorn in der Erde zu keimen beginnt. Der Zeitpunkt ist gekommen, wo du deine Hände wieder hoch nimmst, das gleiche tun die Meister und Meisterinnen. Auch dein Schmetterling schwebt mit seinen Flügeln wieder höher.

- Lenke nun die Energie des keimenden Samenkorns durch alle Erdschichten zu deinen Füßen – von hier in die Beine – dein Becken – dein Wurzelchakra – dein Polaritäts-Chakra – zum Sonnengeflecht und weiter nach oben in die Mitte deines Herz-Chakras.

- Hier hat die Reise begonnen, hier schließt sich der Kreis. Dein Schmetterling steht neben dir und verstärkt die Energie deines Samenkorns in deinem Herzen.

- Du siehst nun wie aus der Energie deines Samenkorns eine wunderschöne goldene Kugel wird. Das ist das Symbol deines göttlichen Samenkorns. Kannst du spüren, wie deine Kugel leuchtet? Sie strahlt durchs dein Herz in die ganze Welt hinein, in jeden Winkel unserer Existenz.

- Verstärke die Energie, indem du mit den Füßen auf den Boden trommelst. Jede Zelle der Erde singt vor Freude, du spürst es in deinem Körper und in deinem Herzen.

- Durch die goldene Samenkorn Kugel ist wieder ein Stückchen mehr Vollkommenheit auf der Erde gelandet.

- Deine goldene Kugel ist dein aktiviertes Samenkorn, das dir dabei hilft, dich nach deinem göttlichen Plan zu entfalten.

- Zum Abschluss lege deine Hände in den Schoß, mit den Handinnenflächen nach oben.

- Dein Schmetterling legt dir nun die goldene Kugel in die geöffneten Hände und aktiviert dein Samenkorn. Du kannst nun über deine Hände heil-energetisch mit deiner goldenen Kugel arbeiten.

- Wenn du die Energie der Kugel spürst, füge die Handflächen zusammen und führe sie vor die Mitte deiner Brust, zu deinem Herzen.

Hier wird deine Einweihung von deinem Schmetterling versiegelt. Spürst du die Versiegelung?

Samenkorn der Vollkommenheit

20. Wegweiser

Die sieben Urprinzipien der Schöpfung

Das geistige Urprinzip der Schöpfung ist der Tanz zwischen Gott und Göttin, zwischen Yin und Yang. Alles Lebendige wurde aus diesem Tanz erschaffen. Diese Schöpferkraft durchströmt jeden Menschen, jedes Wesen, die Welt und den Kosmos.

Sie ist das schöpferische Lebensprinzip in der Natur, das seit Urbeginn der Welt existiert, um sich immerfort zu verwirklichen.

Der gesamte Kosmos besteht aus Schwingungen. Das Einzige, das es nicht gibt, ist das NICHTS. Alles ist Energie! Alles entspringt der Quelle des göttlichen Tanzes. Immerfort entstehen neue Formen und Realitäten.

Diese feinstoffliche Ursubstanz des Lebens kann jeder Mensch als Energie fühlen. Was wir mit dieser Ursubstanz machen, ist uns freigestellt, denn wir haben den göttlichen Willen als Geschenk für unsere Reise zur Erde mitbekommen.

Jeder einzelne Gedanke, den du absendest, geht eine Verbindung mit der schöpferischen Energie des Lebens ein. Auf diese Weise entsteht Materie: Alles was du sehen, fühlen, riechen, schmecken und hören kannst, ist deine eigene Manifestation auf Erden.

Die höchste Qualität deiner Manifestationen erreichst du, wenn deine Ideen aus der Mitte deines Herzens entspringen. Es geht also nicht nur darum, was du erschaffst, sondern auch darum, mit welcher Qualität du deine Visionen verwirklichst. Je reiner die Kraft deiner Gedanken ist, desto positiver werden deine Resultate im Alltag sein.

Durch die Verbindung zum Herzen bringst du deinen freien Willen mit dem göttlichen Willen in Übereinstimmung. Dann wirst du durch die Impulse deine Seele unterstützt. Lass die lauten Denkimpulse los und höre auf das Flüstern deiner Seele.

Die Seele ist immer mit dem Kosmos verbunden. Durch die Seele empfängst du deinen Lebensplan. Alle Aufgaben, die du dir für dieses Leben vorgenommen hast, empfängst du durch die Impulse der Seele, die mit dem Herzen verbunden ist.

Dein Lebensplan beinhaltet alle Themen, die du dir für dieses Leben vorgenommen hast. Genau für diese Aufgabe wurdest du ausgerüstet. Dir stehen alle Energien zur Verfügung, um deiner Aufgabe gerecht zu werden.

Gemeinsam mit deiner Seele kannst du dein kosmisches Drehbuch für deine göttliche Geschichte hier auf Erden schreiben.

Es spielt keine Rolle, ob deine Lebensaufgaben leicht oder schwierig sind. Das einzig Wesentliche ist deine Wahrhaftigkeit, die Liebe zu dir selbst und dein Wunsch, im großen kosmischen Orchester deine Ur-Lebensmelodie zu integrieren.

Wie Richard Bach in seinem Buch „Illusionen" schreibt:
"Probleme sind da, weil wir ihre Geschenke suchen."

Probleme sind eine Möglichkeit, um neue Erfahrungen zu machen. Wenn der alte Weg versperrt ist, müssen wir uns etwas Neues einfallen lassen, Blockaden auflösen, die nächsten Schritte erspüren und in der eigenen Größe landen: Im Tempel der eigenen Seele.

Nutze deine Chancen! Das Leben ist dein Einweihungsweg, auf dem du dich einzigartig entwickeln kannst. Richte deinen Blick nach innen und erkenne, wer du wirklich bist: Ein göttliches Wesen mit unbegrenzten Möglichkeiten. Löse dich von Fremdbestimmungen und mache von deiner Schöpferkraft Gebrauch!

Sei ganz authentisch. Nur so kannst du vom Leben erhalten, was du wirklich möchtest. Ehrlichkeit bringt deine Persönlichkeit zur Geltung und damit zum Lebenserfolg.

Dein Erfolg ist nicht nur abhängig von deiner Ausbildung, deinen Fähigkeiten oder finanziellen Mitteln. Erfolg ist die Folge deiner Gedanken, die fotografisch getreu nach deinen innersten Überzeugungen in deine Realität kommen.

Formuliere so genau wie möglich dein Ziel und spüre mit allen Sinnen, dass du dein Ziel erreichst. Fühle dich ganz mit deiner Seele verbunden. Sei dir gewiss, dass du genau die Realität erschaffst, die deiner Vision entspricht.

1. Urprinzip - DANKBARKEIT

Dankbarkeit kommt immer zuerst!

Sei dankbar, für alles, was du vom Leben erhältst. Du kannst sicher sein, dass der gesamte Kosmos bereits am Werke ist, um dir bei der Realisierung deiner Visionen zu helfen.

Mit Dankbarkeit bekundest du dein Vertrauen, dass du bekommst, was du bestellt hast. Dankbarkeit ist der Nährboden, auf dem deine Visionen wachsen. Der Kosmos singt vor Freude und die Seele tanzt, wenn sie sich durch dich offenbaren können. Dankbarkeit ist der Fluss, auf dem die Wellen der Geschenke dich erreichen können.

2. Urprinzip - AKZEPTANZ

Akzeptiere, was du geschaffen hast.

Deine Realität ist deinem Bewusstsein entsprungen, es waren deine Gedanken und Gefühle, die du in diesem Moment verwirklicht hast.

Wenn du eine neue Vision manifestieren möchtest, die der früheren Vorstellung widerspricht, dann de-kreiere, was du jetzt nicht mehr haben willst.

De-kreiere deine alte Vorstellung durch folgendes Ritual: *„Löschen, löschen, löschen, dass ich glaubte, dieses haben zu wollen. Ich lasse diese Idee los. Ich bin frei. Ich treffe eine neue Wahl: Ich wähle.... jetzt! Danke, danke, danke."*

Akzeptanz ist eine schöpferische Grundhaltung. Sie ist die Basis, auf der du neue Manifestationen erschaffen kannst. Respektiere alles was du erschaffen hast, auch das, was du wieder loslassen willst.

Akzeptanz ist der erste Schritt zur Manifestation.

Sei dir bewusst, worauf du deine Aufmerksamkeit richtest. Wenn du deine Aufmerksamkeit auf etwas richtest, was dir nicht gefällt, holst du das in deine Realität. Richte deshalb deine Aufmerksamkeit auf das, was du erleben möchtest und nicht auf das, was du vermeiden willst.

Wenn andere Menschen Unfrieden erleben, dann belasse das bei ihnen. Bitte um göttlichen Segen für alle und erinnere dich, dass jeder Mensch einen freien Willen mit auf seine Erdenreise bekommen hat. Akzeptiere das Gesetz der Resonanz. Denn nichts, was geschieht, kann außerhalb dieser Gesetzmäßigkeit sein. Gott ist in allen Erscheinungsformen.

Jeder Mensch darf seine eigenen Erfahrungen machen. Jeder hat das Recht, für sich zu wählen. Zeige anderen, wie sie eine neue Manifestation verwirklichen können.

Heile deine Vergangenheit. Dann bist du frei, um zu erschaffen, was deinem Seelenplan entspricht. Vertraue deiner Manifestationskraft. Nutze deine Gottesmacht!

3. Urprinzip – LIEBE

Liebe, was ist, denn es trägt deinen Stempel.

Alles, was du siehst, ist Ausdruck deiner Überzeugungen und deines Selbstwertes. Liebe, was du erschaffen hast, damit du dich wert fühlst, neue Schöpfungen hervorzubringen.

Je mehr deine Liebeskraft wächst, desto größer ist die Kraft, mit der du neue Realitäten hervorbringen kannst.

Fühle dich im Einklang mit dir selbst, so wirst du erschaffen, was du von Herzen willst. Liebe steckt in allen Dingen, die du magst.

Lass dich von deiner Seele zu den richtigen Plätzen führen. Achte auf dein feines Gespür. Denn worauf du dich konzentrierst, das holst du in dein Leben herein.

Wenn du schlecht drauf bist, dann spiegelt dir das Leben deine eigenen Gedanken. Du erfährst dich selbst durch den Spiegel des Lebens. Jeder Teil der Schöpfung ist ein Spiegel von dir. In allem reflektiert sich dein Bewusstsein.

Lerne, dem Fluss des Lebens zu vertrauen, er bringt dir das Richtige zum rechten Zeitpunkt. Der ganze Kosmos reagiert auf deine Schwingungen.

Wenn du mit Menschen zusammen bist, die negativ drauf sind, dann beklage dich nicht. Versuche auch nicht, sie zu erziehen. Konzentriere dich vielmehr auf dich selbst und aktiviere deine Selbstliebe. Das löst den Stress in dir auf.

4. Urprinzip – FÜHLEN

Erspüre, was du wirklich willst, denn es entspricht genau deinem Seelenplan.

Dein Verstand zeigt dir Programme und Vorstellungen, die du von anderen übernommen hast. Wenn du tief in dich hinein spürst, kannst du die Bilder deiner Seele als Schwingungen des Herzens erkennen. Du fühlst dich identisch mit dir selbst. Das sind die Zeichen deiner inneren Wahrheit.

An diesem Maßstab erkennst du, dass du mit deinem Seelenplan in Kontakt bist. Deine Seelenimpulse sind starke Gefühle der Identität mit dir selbst. Wenn du dich erfüllt und einverstanden mit dir selbst fühlst, bist du auf deinem Seelenweg.

Wenn du die Gefühlsbilder deiner Seele visualisierst, dann erhalten die intelligenten Kräfte des Lebens die besten Impulse zur Manifestation.

Achte also auf deine Motivation, denn deine inneren Bilder manifestieren sich exakt wie eine Fotografie. Deine Gefühlsbilder sind deine stärkste Kraft zur Manifestation.

Wenn du dir etwas wünschst, dann erlaube, dass es geschieht. Lass die Angst vor Misserfolg los.

Fühle dich voll und ganz berechtigt, genau das zu erhalten, was du dir ersehnst. Lass das Ziel mit Leichtigkeit in dein Leben kommen.

5. Urprinzip – NEUTRALITÄT

Neutralität ist das Tor zum Feld aller Möglichkeiten.

Damit deine Manifestationen den höchsten Grad der Reinheit erhalten, solltest du Wollen und Nicht-Wollen in eine Waagschale legen. So erreichst du die Nullpunktebene, also deine innere Neutralität. Denn nur wenn Mangel und Reichtum in Balance sind, kann sich die höhere Manifestation deines Reichtums offenbaren. Das ist ein Zustand jenseits der Dualität.

Wenn du liebend und akzeptierend im Herzen bist, dann bist du mit ALLEN Möglichkeiten vernetzt. Du hast also Zugang zum kosmischen Internet bzw. den Hyperraum und kannst bestellen, was deinem Herzen entspricht.

Die Bestellungen beim Universum sind sehr wirksam, sofern man weiß, wie man sie richtig aufgibt.

Mit deiner erlaubenden Herzensenergie verlässt du die dreidimensionale Realität und kannst deine erweiterte kosmische Software herunterladen. Sie hält immer deine Seelenwünsche für dich bereit.

Aber aufpassen: Das Geheimnis heißt Bedingungslosigkeit, ohne Wenn und Aber bestellen, ganz neutral bleiben. Wenn du die beiden Seiten einer Dualität in die Waage legst, löst sie sich auf. Erinnere dich an die Schmetterlings-Übung.

Je mehr du aus der inneren Mitte, also deiner Neutralität, manifestierst, desto mehr Leistungspotenziale stellt dir das Leben zur Verfügung, um deine Ziele erfolgreich zu realisieren.

Denke an die Sonnenuhr: Wenn sie im Zenit steht, also in der Neutralität, hat sie keinen Schatten. Das Gleiche gilt auch für deine Manifestationen. Deine innere Mitte ist die Brücke, über die du Wunder und ungeahnte Chancen in dein Leben bringst.

Bleibe innerlich neutral und erschaffe aus der inneren Freiheit und Liebe heraus.

6. Urprinzip - TRANSFORMATION

Transformiere deine Blockaden.

Wenn du Mangelgedanken hast, dann transformiere die Energie deiner Blockade, das sind deine Gedanken und Gefühle. Wie das funktioniert, hast du bereits in den vorherigen Wegweisern erfahren.

Hast du Geldmangel, dann transformiere zuerst dein Mangelbewusstsein, bevor du mehr Geld manifestierst. Ansonsten wird das Ergebnis Mangel bleiben, unabhängig von deiner realen finanziellen Lage.

Die Dualität muss also zuerst transformiert werden, bevor du wirklich erschaffen kannst, was du willst.

Wenn du einen Partner suchst, dann transformiere zuerst deinen Mangel. Manifestiere dir also keinen Partner, weil du einen brauchst, um nicht einsam zu sein. Stelle dir vielmehr eine Partnerschaft vor aus reinster Freude, jenseits des Mangelbewusstseins.

Sonst wird dir dein Partner wiederum Mangel spiegeln. Dann hast du trotz neuer Partnerschaft die gleichen unguten Gefühle wie zuvor auch.

Wenn deine Wünsche von Angst, Unsicherheit oder Wankelmut getragen sind, dann werden sich diese Gefühle in deinen Manifestationen widerspiegeln. Die Energie deiner Projekte hat die gleiche Kraft, mit der du sie ins Leben gerufen hast.

Achte auf deine Gedanken und Gefühle. Visualisiere klare Bilder mit viel Herzensenergie. Und stelle dich selbst in den Mittelpunkt des Lebens. Alles wird sich erfüllen!

7. Urprinzip - FREUDE

Freude ist die höchste manifestierende Kraft des Lebens

Manifestiere aus der Freude deines Herzens. Freude ist dein größter Erfolgsfaktor. In dieser Energie wird Geist und Materie auf alchemistische Weise miteinander verbunden.

Freude bringt alle ungeformten Energien in die gewünschte Richtung. Freude ist die Energie der sechsten Dimension, ein Schwingungsfeld, das Liebe in Tätigkeit bringt.

Wenn du dich in eine richtige Glücksstimmung versetzt, können deine Gedanken rasch Wirklichkeit werden. Bleibe bedingungslos zuversichtlich.

Wenn du also Geld manifestieren willst, dann wünsche dir Geld aus reinster Lebensfreude. Was du dann mit deinem Geld machst, ist dir freigestellt.

Denke daran, kein Geld zu manifestieren, um Schulden zu tilgen. Transformiere erst die Mangelgedanken, damit Freude der einzige Grund deiner Manifestation ist.

Geld zu bekommen, muss dir himmlische Freude bereiten.

Natürlich kannst du auch Lotto spielen. Es sollte dir dabei himmlische Freude bereiten, auch die Lottogesellschaften mit deinem Geld zu bereichern. Sei also aufmerksam, mit welcher Energie du Lotto spielst, reine Gier ist kein guter Geldratgeber.

Vergangenheit und Zukunft sind Illusionen. Stelle dir deshalb vor, dass dein Wunsch bereits realisiert ist.

Halte in Freude Ausschau, was du haben willst und lasse los, was du nicht möchtest.

Positive Gedanken sind mächtiger als negative Gedanken. Positive Kraft wirkt 1000-fach stärker, weil sie mit der kosmischen Einheit verbunden ist. Erfolg ist ein Naturgesetz! Was du denkst, fühlst oder sagst, das wird zu deiner Realität!

Eine gute Idee zur Manifestation ist, sich vorzustellen, dass die Seele als Besucher bei dir zu Hause ist. Würdest du das, was du anstrebst, auch deiner Seele zumuten? Die Antwort darauf wirst du sogleich erkennen!

Alles, worauf du dich konzentrierst, existiert bereits im Kosmos. So, wie du denkst, werden die Elemente des Lebens deine Manifestationskraft steuern. Am besten ist Freude, weil jedes Ergebnis weitere Freude bereitet.

Wenn du erfolglos bist, dann spreche nicht vom Misserfolg, sondern von der Fülle, die du gerade erschaffen möchtest.

Der Kosmos arbeitet allumfassend genial. Vertraue deinen schöpferischen Kräften.

21. Wegweiser

Authentische Kommunikation
Das Leben wird immer komplexer

In allen Situationen deines Lebens ist es wichtig, deine verbale Ausdrucksfähigkeit zu 100% mit deiner Körpersprache in Einklang zu bringen. Dadurch aktivierst du deine höchste authentische Ausstrahlung.

Das kennst du sicher auch: Bei unserem rasanten Lebenstempo erleben wir viel Chaos und Stress. Äußere Sicherheiten bieten keine Garantie mehr. Keiner kann sagen, wie lange er seinen Job noch hat oder die Partnerschaft hält. Auch die sozialen Sicherungssysteme sind instabil geworden. Umso wichtiger ist es, unabhängig von äußeren Sicherheiten zu sein und der eigenen intuitiven Wahrheit zu folgen.

Wenn du auf deine innere Stimme hörst, hast du ein gutes Navigationssystem. Wenn du authentisch kommunizierst, schaffst du den Quantensprung auf eine höhere Ebene der zwischenmenschlichen Verständigung.

Durch die wachsenden Bedürfnisse unserer Gesellschaft sind wir herausgefordert, auch die subtilen Ebenen unserer menschlichen Kommunikationsabläufe besser zu verstehen, um Schritt zu halten mit den hohen Anforderungen des Lebens.

Kommunikation geschieht aus unterschiedlichen Beweggründen: Wir suchen zwischenmenschliche Nähe, wollen anderen etwas mitteilen oder uns informieren.

Kommunikation hat viele Ausdrucksformen, denn alles, was mit- und nebeneinander lebt und existiert, tauscht sich aus und kommuniziert miteinander – ob bewusst oder unbewusst, ob beabsichtigt oder unbeabsichtigt. Kommunikation gehört also zu den Bereichen, die dich ein Leben lang begleiten.

Wenn Kommunikation so selbstverständlich ist, warum ist Authentische Kommunikation dann so wichtig?

Wenn du authentisch kommunizierst, dann tauschst du dich wahrhaftig aus. Machst du das nicht immer? Vielleicht in deiner Absicht, ehrlich den Mitmenschen gegenüberstehen zu wollen. Aber vielleicht gehört zum authentischen Sein noch mehr als das, was du als ehrlich empfindest.

Welchen Einfluss hat dabei dein Unbewusstes, dieser geheimnisvolle und unbekannte Bereich mit all seinen Persönlichkeitsanteilen, Bewusstseinsfragmenten, die oft unbewusst oder fremdbestimmt sind?

Im Grunde genommen ist kaum ein Mensch wirklich authentisch, weil wir immer eine persönliche Bewertung haben und in einer bestimmten sozialen Rolle eingebunden sind.

Es gibt heutzutage viele Gründe, warum Menschen eine verbesserte Kommunikation anstreben. Die zahlreichen Angebote auf dem Seminarmarkt zeigen dies deutlich. Dort geht es meist um souveränes Auftreten, Körpersprache, besseres Präsentieren, geschickte Rhetorik und überzeugende Argumentation.

So wie ich wahrhaftige Authentische Kommunikation verstehe, ermöglicht sie dir einen erweiterten Ausdruck für die Seele. Das ist der Aspekt, der innerhalb einer Begegnung fähig ist, zu beobachten, anstatt sich zu identifizieren.

Auf der Grundlage deiner medialen Fähigkeiten kannst du innerhalb einer Kommunikation die vielschichtige Bedeutung einer Situation wahrnehmen, du erfasst die Zwischentöne und erkennst, worum es wirklich geht. Ob es um eine Entscheidung zur Berufswahl geht, ein Treffen mit Freunden oder auch beim Coaching - überall ist Authentische Kommunikation ein Gewinn für dich und die anderen.

Authentische Kommunikation ist das kreative Zusammenspiel deiner gesamten Kommunikations-Potenziale zur Gestaltung einer optimalen Verständigung im Einklang mit dir selbst und deinem Gegenüber.

Intuitiv entscheidest du in jeder Sekunde deines Alltags darüber, was du als Nächstes tun wirst, welchen Gedanken du nachgehst und welche Ziele du erreichen willst. Wenn du authentisch bist, hast du in jeder Lebenslage die optimale Übereinkunft mit dem Leben.

Authentische Kommunikation ist eine Synthese zwischen deinem Verstand, deinen Emotionen, verbunden mit deinem Körperbewusstsein sowie dem Kontakt zur Seele. Diese kommunikative Verbindung wirkt wie ein Hologramm, bei dem jeder Teil das Ganze enthält.

Wenn du authentisch bist, fließen Energien aus höheren Dimensionen in deine Kommunikation mit ein. Das ist eine neue Form des Miteinanders. Du verwandelst damit dein Ego, das durch Erziehung und Umfeld geprägt ist, in ein authentisches Selbst.

Authentische Kommunikation und Körperintelligenz

In den vorherigen Wegweisern hast du bereits viel über Körperbewusstsein erfahren. Nun geht es einen Schritt weiter zur authentischen Ausdrucksweise.

Dein verbaler Ausdruck macht 7 % in der Kommunikation aus und die Körpersprache 93 %. Jedes Chakra – das ja Teil deines Körpers ist - repräsentiert eine Facette deines Bewusstseins, das du über Körpersprache offenbarst.

Wenn du alle Chakren untereinander vernetzt (wie beim Chakra-Power-Training), schwingst du dich auf deine Seelenenergie ein. Damit kann eine höhere Oktave deines Bewusstseins durch dein Körperbewusstsein und die Kommunikation fließen.

Du hast innerhalb der Kommunikation ein ganzheitliches Identitätsgefühl, das frei von Bewertungen ist. Dadurch kannst du dich mit deinem verbalen Ausdruck und deiner Körpersprache 100 % identisch ausdrücken.

Du bist ebenfalls mit der Seele deines Gegenübers verbunden. Authentisch Kommunizieren heißt also Seelenkommunikation inmitten des Alltags, in jeder Situation.

In diesem Fluss der Energien ist jeder Auftritt natürlich, souverän und integer. Du bist in deiner Mitte und hast eine authentische Präsenz.

Dein Inneres und Äußeres schwingen im Gleichklang, du bist nicht manipulierbar. Diese Transparenz spiegelt die Echtheit und Wahrhaftigkeit deiner Seele wieder. Und andere können es fühlen.

Auch bei Konflikten bist du fähig, die Herzensenergie in die Kommunikation einfließen zu lassen. So kommunizierst du authentisch, selbst wenn die Meinungen auseinander gehen.

Der Schwerpunkt von authentischer Kommunikation liegt also in der Entwicklung der Körperintelligenz und weniger in Rhetorik, Präsentation oder gezielter Körpersprache. Es geht um die Fähigkeit, sich natürlich, ehrlich und authentisch auszudrücken und darauf zu vertrauen, dass die intelligente Kraft des Lebens, die Situationen immer zum Wohl des Ganzen vernetzt.

Du aktivierst neue geistige Fähigkeiten, was im Zeitalter der globalen Vernetzung wichtiger ist, als je zuvor. In diesem Sinne entfaltest du auch deine Schmetterlings-Natur über deine Kommunikation.

Authentische Kommunikation ist ein Zustand, den man als Nullpunktzone bezeichnen könnte: Ein Punkt jenseits der Bewertung, der die Komplexität aller Möglichkeiten des Seins beinhaltet.

Das ist die Ebene, auf der Genies ihre Erfindungen machen und Menschen mit authentischer Kommunikation „Wunder" vollbringen.

Es ist die Art und Weise, wie sich Kinder unverblümt und direkt äußern: Absichtslos und frei von Hintergedanken.

Jeder Gesprächspartner profitiert von Authentischer Kommunikation: Viele Konflikte können neu kommuniziert und geregelt werden, denn Authentische Kommunikation ist die natürlichste Kommunikation der Welt.

Jeder Mensch ist ein Unikat

Unsere Erziehung hat uns gelehrt, dass wir besser mit Anderen auskommen, wenn wir uns anpassen, um nicht anzuecken. Dabei wurden viele Persönlichkeitsanteile unterdrückt, vielleicht auch gerade diese, die unsere Echtheit am meisten gezeigt haben.

Nun geht es darum, die ursprüngliche Echtheit zurück zu erobern, auch wenn es scheinbare Nachteile nach sich ziehen könnte. Diese Echtheit führt dazu, sich selbst und seinem Herzen treu zu bleiben, egal, was kommt. Und was ist überhaupt falsch an unseren Ecken und Kanten? Sind diese nicht unser besonderes Markenzeichen, unsere speziellen, unverkennbaren Originaltöne?

Jeder Mensch ist ein Unikat – mit seiner eigenen Melodie, mit seinen Tönen und Rhythmen. Genau wie eine bunte Frühlingswiese alle erdenklichen Farben in ein wunderschönes Farbenspiel vereint, so fügen sich die Töne jedes Menschen zu seiner einzigartigen Melodie zusammen.

Das ist unsere unverwechselbare Originalität. Das Wort „Original" stammt vom Wort „Ursprung" ab, echter geht es nicht.

Bist du ungeschützt, wenn du authentisch kommunizierst? Nein! Es ist eine Illusion, zu glauben, dass die Herzenskraft geringeren Schutz bietet als das Ego. Die Verbindung zur Wahrhaftigkeit ist immer stärker, denn die Ganzheit ist kraftvoller als jede Trennung!

1 - 2 - 3 - 4 - 5 Sekunden entscheiden über dein Leben.

In der Liebe und im Alltag sind die ersten Sekunden entscheidend, ob es funkt oder nicht. Das kennst du doch, die „Liebe auf den ersten Blick"!

Es sind genau 12 Sekunden, wie wissenschaftlich erforscht wurde, die über den Verlauf einer Begegnung entscheiden.

Der erste Eindruck hat keine zweite Chance. In diesem kurzen Moment senden die Partner eindeutige Signale über den Inhalt und die Qualität ihrer zukünftigen beruflichen und privaten Beziehung. Die ersten Eindrücke sind die Quintessenz dieser Begegnung. So perfekt arbeitet dein Unbewusstes.

Die Informationen deiner inneren Datenbank werden von deinem Gegenüber exakt und schnell gescannt. Je bewusster du bist, desto klarer kannst du dich auf die subtilen zwischenmenschlichen Botschaften einstellen.

Dazu gehören der besondere Ausdruck in den Augen, eine gewisse Körperhaltung mit spezieller Mimik und Gestik, aber auch der Klang in der Stimme und die Wortwahl. Deine subtile Sinneswahrnehmung erkennt ganz genau die wesentlichen Inhalte der Botschaft deines Gegenübers.

Durch Achtsamkeit und klare Wahrnehmung findest du jederzeit die richtige Position innerhalb der Kommunikation.

Authentische Kommunikation ist das A und O für jedes Gespräch in Beruf und Alltag.

Insbesondere auch für deine Arbeit als Heiler oder Coach brauchst du die Fähigkeit zur Authentischen Kommunikation, weil du auf diese Weise viel klarer energetisch arbeiten kannst.

Miteinander reden

22. Wegweiser

Die gesetzliche Seite des Geistigen Heilens

Das Bundesverfassungsgericht hat in seiner Entscheidung vom 02.03.2004 das geistige Heilen aus dem Anwendungsbereich des Heilpraktikergesetzes herausgenommen. Somit fällt die Tätigkeit des geistigen Heilens nicht mehr unter das Heilpraktikergesetz. In England arbeiten bereits seit Jahren Geistheiler eng mit Ärzten zusammen.

Geistige Heiler unterscheiden sich grundlegend von Ärzten oder Heilpraktikern. Das Heilpraktikergesetz wird beim Geistigen Heilen nicht angewandt. Geistige Heiler bieten ausdrücklich keine „medizinische Diagnostik oder Heilung" an. Unter Diagnose fällt hier „jeder Hinweis" zur Ursache einer Krankheit.

Während ein Arzt medizinische Verantwortung trägt, unterstützen Geistheiler die Aktivierung der Selbstheilungskräfte und geben seelsorgerische Fürsorge. Somit können Geistheiler die Ärzte unterstützen, die für den feinstofflichen Bereich des Menschen oft wenig Zeit haben. Die Kosten für geistiges Heilen werden jedoch nicht von den Krankenkassen übernommen.

Ein Geistheiler trägt die Verantwortung dafür, dass seine Klienten geistiges Heilen nicht mit ärztlicher Heilkunde verwechseln. Aus diesem Grund verlangt das Bundesverfassungsgericht vom Heiler aufklärende Hinweise. Der Heiler gibt seinen Klienten ein entsprechendes Merkblatt oder bringt es sichtbar in seiner Praxis an.

Geistige Heiler richten ihr Bewusstsein auf den ganzen Menschen. Sie führen weder gezielte Symptombehandlungen durch, noch erstellen sie Diagnosen oder machen Versprechen zur Heilung und Linderung.

Ärzte und Heilpraktiker heilen Krankheiten. Therapeuten helfen dabei, Probleme zu lösen. Geistheiler begleiten die Menschen auf ihrem ganzheitlichen Heilungsweg.

Gott heilt, die Natur heilt, der Klient heilt sich selbst, indem er göttliche Energien in sich wirken lässt. Heiler begleiten und unterstützen Heilung und Heil-Werden.

Ein Geistheiler darf nicht den Eindruck erwecken, er übe Heilkunde oder Therapie aus. Die verschiedenen Heilweisen dienen dem Heiler zur Verstärkung seiner Wahrnehmung, die Heilweisen selbst sind jedoch keine Hilfsinstrumente zur Heilung. Das eigentliche Messinstrument des Heilers ist sein eigener Körper.

Wenn Klienten nach Ursachen für Gesundheitsstörungen und ungelöste Konflikte suchen, dann begleiten Geistheiler diese Menschen auf dem Wege der Bewusstwerdung durch Fragestellung, die die Selbsterkenntnis des Klienten unterstützen.

Heiler sollten ein gutes Selbstbewusstsein besitzen, jedoch keine Guru-Rolle übernehmen oder die Klienten in psychische Abhängigkeit bringen. Heiler weisen ihre Klienten auf die eigenen Stärken hin und die Eigenverantwortlichkeit im Heilungsprozess.

Was geschieht beim Geistigen Heilen?

Während einer geistigen Heiler-Sitzung arbeite ich als Kanal zwischen der geistigen und physischen Welt und übertrage geistige Heilenergie zum ganzheitlichen Heilwerden des Menschen.

Die geistige Heilenergie wirkt bei jedem Menschen anders, weil die Menschen an unterschiedlichen Punkten ihrer Entwicklung stehen. Die meisten Menschen fühlen jedoch nach der ersten Sitzung eine deutliche Besserung, andere spüren nur subtile Veränderungen.

Geistiges Heilen kann den Weg für spirituelles und persönliches Wachstum eröffnen. Die Menschen erfahren auf natürliche Weise Frieden mit sich selbst und ihrer Umwelt.

Naturwissenschaftlich sind heilsame Energiephänomene nur schwer definierbar. Aus diesem Grunde lässt sich geistige Heilung zwar nicht beweisen, jedoch auf unterschiedliche Weise erfahren.

Jeder Geistheiler sollte sich vor Augen halten, dass er im Dienste der höheren Ordnung wirkt. Nur die kosmische universelle Energie hat transformierende Kraft.

Ein Geistheiler kann nur so viel bewirken, wie der Klient zulassen kann.

Wer nach diesem Gesetz arbeitet, weiß, dass er ein Diener des Höchsten ist. Vor diesem Hintergrund kann jeder Geistheiler durch sein dienendes Wirken auch für sich selbst große Schritte in seiner menschlichen Entwicklung machen.

Was ist bei der Tätigkeit als Geistiger Heiler erlaubt?

Wenn die Diagnose von einem Arzt oder Heilpraktiker gestellt wurde, dann dürfen Geistige Heiler auch gezielt an Krankheiten arbeiten. Ein Arzt oder Heilpraktiker darf Patienten zum Heiler schicken.

Der Heiler kann von zu Hause aus arbeiten und muss nicht in der Arztpraxis tätig werden, weil Geistheiler keine medizinische Verantwortung haben.

Geistige Heiler können die Bezeichnung „Heilerpraxis" oder „Praxis für Geistiges Heilen" verwenden, nicht jedoch die Bezeichnung „Heilpraxis". Bei dieser Formulierung erkennt jeder den Unterschied zu einer Arztpraxis.

Die Berufsbezeichnung „Therapeut" kann beanstandet werden, wenn der Eindruck entsteht, dass Heilkunde angeboten wird. Ein sicherer Weg ist, sich einfach „Heiler" zu nennen oder geistiger Heiler. Denn nur unter dieser Bezeichnung hat das Bundesverfassungsgericht den Heilern den Weg geebnet, auch ohne Heilpraktikerprüfung.

Was ist bei der Tätigkeit als Geistiger Heiler verboten?

Verboten ist:

- Jede Art von Diagnosen, z.B. auch Analysen durch Radionik.

- Verordnung von Bachblüten, Essenzen oder anderen Mitteln, die als Heilmittel benutzt werden sollen.

- Werbung mit Krankengeschichten oder Dankschreiben, Werbung mit heilender Wirkung bestimmter Gegenstände.

Hinweise für die Tätigkeit als seriöser Heiler

Ein Geistiger Heiler

- verlangt keine Vorauskasse

- stellt auf Wunsch Quittungen für erhaltene Honorare aus

- verpflichtet seine Klienten nicht für eine bestimmte Anzahl von Sitzungen.

- verlangt kein Geld für Handlungen, die nicht im Beisein des Klienten erfolgen (zum Beispiel für "Fernheilung" mit Foto etc.)

- macht keine Versprechungen auf vollständige oder schnelle Besserung des Leidens

- bezeichnet sich dem Klienten gegenüber nicht als den besten Heiler

- prahlt nicht mit seinen Erfolgen

- lehnt die Schulmedizin oder andere Therapie-Richtungen nicht grundsätzlich ab

- sollte nicht behaupten, dass er sich wegen seiner Hellsichtigkeit nicht irrt.

23. Wegweiser

Ruf der Schmetterlinge
Jetzt - in diesem Augenblick ist alles in Ordnung

Jetzt - in diesem Augenblick **glücklich sein**, den Augenblick genießen, die alte Hülle der Begrenzung abstreifen und frei sein vom Ballast der Vergangenheit.

Jetzt - in diesem Augenblick **alles sehen,** die glitzernden Farben der Aura, die Farben des Lebens. Alles leuchtet, ist rein, unendlich und klar. Die Schönheit des Lebens erkennen, keinen Grund haben wegzuschauen, nichts ist böse oder schlecht. Mit den Augen des Herzens betrachtet ist alles vollkommen und perfekt, so wie es ist.

Jetzt – in diesem Augenblick **alles hören** und mit meinen inneren Sinnen erfassen, in das Leben lauschen, das Lachen der kleinen Gedanken erhaschen und mich im Gesang des Atems treiben lassen. Es gibt kein Ziel, alles ist Jetzt und das Jetzt ist die Ewigkeit. Ich entscheide. Ich bin. Ich bin Wandlung und nehme dich mit.

Jetzt – in diesem Augenblick **alles sagen** dürfen, meine Seele zeigen, mein Innerstes offenbaren. Mut haben, auch die holprigen Worte hervorzubringen, ohne zu wissen, wo sie mich hinführen, ohne Zensur des Verstandes. Die Sprache der Seele offenbaren, keinen Winkel im Schatten lassen.

Jetzt – in diesem Augenblick **die Arme ausbreiten**, meine Hände öffnen und das Leben mit den Fingern berühren und ertasten. Alles ist sinnlich, Steine, Erdhügel, Äste und Blüten, durch die feinen Antennen meiner Finger bin ich verwoben im unendlichen Netz von allem was ist, alles ist Liebe, alles schwingt, alles darf sein.

Jetzt – in diesem Augenblick **dich erfahren**, gemeinsam mit dir über die Wiese laufen, barfuß, die Grashalme spüren. Und genau wie Schmetterlinge es tun, die Weisheit der Erde schmecken, den richtigen Weg erleben, mich selbst und dich in allem Wunderbaren. Die Schöpferkraft ist mächtig, ich wage einen neuen Tanz, alles ist möglich.

Jetzt - in diesem Augenblick kann **Angst nicht existieren**. Wenn du glaubst, die Zukunft läge vor dir, frage dich, wo ist dein Tod. Wenn du glaubst, Vergangenheit sei hinter dir, dann dreh dich um. Erkenne die Illusion. Angst ist eine Lüge. Richtig und verkehrt eine Erfindung der Dualität. Im JETZT bist du frei. Hier wirkt das Gesetz des Lebens.

Jetzt - in diesem Augenblick **verändert sich alles**, immerfort, in Kreisen, Spiralen und Geometrien, neue Muster entstehen, Altes darf vergehen. Und ich bin mittendrin. Das Neue ist da, fühle wie Himmel und Erde Hochzeit feiern, in mir, ich bin das Leben, ich bin Verwandlung.

Jetzt – diesem Augenblick, betrete ich die nächste Stufe des Lebens. **Freude** hält mich zusammen, Freude ist die einzige Ursache meiner Existenz.

Vergangenheit ist vorbei, Zukunft hat noch nicht begonnen, was zählt ist **dieser Augenblick**, hier spielt sich das wahre Leben ab. In diesem Augenblick bringe ich meine schöpferischen Fähigkeiten zur Blüte... sagen wir Schmetterlings-Engel.

24. Wegweiser

Der Schmetterlings-Code
Schlüssel zum neuen Sein

Die „Transformation im Quantenfeld der Schmetterlinge" eröffnet dir ein ungeahntes schöpferisches Potenzial für deine eigene Entwicklung und zur ganzheitlichen Transformation unserer Erde.

Es geht darum, die innere Ordnung im JETZT wieder herzustellen, damit sie sich in allen Bereichen des Lebens manifestieren kann. Diese Ordnung ist keine neue Moral im herkömmlichen Sinne, sondern ein Weg, der zur Auflösung der Dualität führt. Es ist der Weg deiner inneren Selbstbefreiung – eine Freiheit, die alle anderen Menschen ebenfalls frei sein lässt.

Der Schmetterlings-Code ist der Schlüssel für deinen inneren Computer, er lautet: *„Jetzt, in diesem Augenblick, ist alles in Ordnung".* Mit diesem Code kommst du in die innere Mitte, jenseits von Vergangenheit und Zukunft. In diesem Feld kannst du einen Neustart beginnen, frei von Altlasten der Vergangenheit. Denn JETZT ist ein ganz neues Energiefeld – eine Zeitqualität ohne Anfang und Ende. Es ist die Zeit der Ewigkeit, die dich mit allem verbindet, was existiert. Und du darfst wählen!

Jedes Glück und jede Grausamkeit in der Welt sind nur die zwei Seiten der gleichen Münze, also der Dualität. Wenn du sie im Herzen vereinst durch den Code: *„Jetzt, in diesem Augenblick, ist alles in Ordnung",* entsteht ein neues schöpferisches Bewusstseinsfeld. Sozusagen eine neue Materie, ohne Wertung und rein von jeder Schuld, die wir in der Dualität angesammelt haben.

Mit dem Schmetterlings-Code vollzieht sich die Lebensreise der Menschheit in Entsprechungen – also nicht mehr linear über das äußere Erfahrungsfeld, sondern inwendig und analog über die eigene Schöpferkraft, mit der wir das Leben umgestalten können.

Aufruf der Schmetterlings-Engel

„Neue spirituelle Lichtenergien durchdringen alle Dimensionen der Erde und verleihen dir die Fähigkeit, auf sehr hoher Frequenz neue Manifestationen von innen her zu bewirken.

Es ist wichtig, deine Gedanken klar auszurichten, mit reinem Herzen und aufrichtigen Gefühlen. Denn nur so gelingt es, eine neue Welt in der Einheit „mit allem was ist", zu erschaffen. Du bist Schöpfer und Schöpferin deines Lebens und verlässt die alte Rolle der Abhängigkeiten.

Wir Schmetterlings-Engel helfen dir bei diesem revolutionären Wandlungsprozess. Wir lösen erneuernde Gefühlsimpulse aus, die dein Bewusstsein anheben. So kannst du behütet den weltbewegenden Zyklus deiner Neugeburt zum neuen Menschsein schaffen."

Was ist der Sinn dieser neuen Entwicklung

„Ihr verlasst gerade eine lange Periode der Dualität, ein Wechselspiel von Licht und Schatten. Ihr erfahrt ein auto-

matisches Update eurer selbst. Damit könnt ihr euch als Ganzheit im Licht erfahren, ein Licht, das keinen Schatten mehr wirft. Wenn ihr jedoch euer Bewusstsein außerhalb des Lichtes (der Liebe) habt, werdet ihr weiterhin die Dualität erfahren mit ihrem verzerrten Licht. Ihr habt die Wahl!

Ein Zyklus hat begonnen. Nicht mehr kriechen, sondern die Flügel ausbreiten und fliegen, das ist das neue Motto eures Menschseins. Wenn du mit all deinen Sinnen deine inneren Flügel ausbreitest, wirst du den neuen Sinn in deinem menschlichen Sein erkennen.

Trans-Formation bedeutet, „durch die Form gehen", also einen Pfad zu beschreiben, der euch durch den inneren Tod eurer Identifikationen hindurch ins Licht der Ganzheit führt. Dann bemerkt ihr, dass ihr neue Brillen aufhabt und erkennt, dass alles am rechten Platz ist.

Eure Wissenschaftler, eure Quanten-Experten, haben bereits erkannt, dass ihr nur ein Millionstel eurer Möglichkeiten wahrnehmt. Wenn ihr durch den Pfad der Transformation geht, eröffnen sich unzählige neue Fenster eurer Wahrnehmung.

Nutzt diese neuen Fenster. Wir Schmetterlings-Engel helfen euch dabei. Wir zeigen euch den Pfad, mit dem ihr euer Bewusstsein für neue Möglichkeiten öffnen könnt"

Planet Erde regeneriert sich gerade.

„Die Erde ist der Taktgeber eurer irdischen Zyklen und sie spielt gerade ein großes Programm ab. Die Lichtkräfte von Galactic Butterfly transformieren die dichteste und *geschundenste Manifestation der Erde in einen kristallinen Zustand. Wie jeder Kristall, so ist auch euer kristallines Bewusstsein in der extremsten Tiefe eures Seins und der Erde zu finden. Nur von dort aus kann es sich in die höchsten Höhen bis zur Vollkommenheit der Erleuchtung emporschwingen. Mit dem Ziel, die Erde mit allen Menschen und Wesen zu erhöhen.*

Du musst also tief in dich hinabsteigen, um in einer neuen Ebene deines kristallinen Bewusstseins aufzusteigen. Erinnere dich an die vorherigen Wegweiser: Seelenverschmelzung, Erd-Kundalini, Samenkorn der Vollkommenheit sowie die anderen Wegweiser zur Transformation. Alles sind Puzzlestücke deiner Schatzkiste zur Entfaltung deines neuen Menschseins, sowie für Geistiges Heilen mit allen Sinnen".

Zukunft neu bestimmen

Die lineare Zeit verändert sich. Unterschiedliche Zeitdimensionen existieren gleichzeitig und wirken ineinander, übergreifend, verzerrend. Einige Frequenzen kommen aus der Vergangenheit, andere kommen aus der Zukunft von Parallelwelten. Wundere dich nicht, wenn deine Uhr plötzlich verrücktspielt und du bemerkst, dass du an deinem Ziel ankommst zu einer Zeit, in der du vielleicht abgereist bist. Dies geschieht sichtbar auf deiner Armbanduhr oder unsichtbar in den inneren Gefühlswelten.

Du kannst die neue Welt nicht mehr aus den Vorstellungen deines alten Weges erschaffen. Der neue Weg muss sich von innen her formen, das bedeutet, dein Leben aus dem Innenraum des Herzens heraus zu gestalten. Dein Herz kann alle dualen Manifestationen erlösen, es führt dich immer zum richtigen Ziel, unabhängig von äußeren Umständen.

Es ist also nicht das Ende der Welt, wie viele vermuten. Vielmehr hat eine neue Zeit begonnen und diese Zeit ist das JETZT. Jetzt, das ist der Nullpunkt, aus dem etwas Neues, Unbekanntes entsteht.

Die neue Zeit heißt JETZT

„Im Energiefeld des Jetzt hast du die einzigartige und alleinige Kraft, um die perfekte Auslotung der Elemente zu meistern. Das bedeutet, alle Aspekte deines Lebens ins Gleichgewicht zu bringen und deine Realität schöpferisch umzugestalten.

Im JETZT erkennst du dein ursprüngliches Sein und kannst alle verzerrten Vorstellungen an den rechten Platz zurückholen.

Im JETZT hast du Zugang zur Ur-Substanz deines Lebens, die innerhalb und außerhalb von dir wirkt.

Das JETZT ist deine direkte Verbindung zu Galactic Butterfly, dem großen Ganzen von allem, was ist.

Im JETZT bist du im Licht, das keinen Schatten kennt und kannst ohne Dualität erschaffen".

Erschaffe im JETZT eine Verbindung zwischen

- deinem irdischen Herzen
- dem Herzen von Galactic Butterfly
- und dem Herzen der Erde

Dadurch entsteht eine Linie zwischen den drei Herzen. Wir nennen es den Liebesflug der Herzen. In diesem Liebesflug bist du eingebunden in die Ganzheit von allem, was ist. Du kannst den liebenden Geist von Himmel und Erde wieder voll und ganz in dein Herz aufnehmen und gemeinsam mit der Erde die großartige Transformation auf eine höhere Ebene des Bewusstseins meistern.

Du bist ein wunderbares Wesen, du besitzt so unendlich viel Macht, es ist die Eigenmacht der Verwandlung. Sei mutig und betrete die höhere lichtvolle Ordnung der Synchronisation. Du bist geschützt, vertraue deinem Herzen!

Schmetterlings-Code:

JETZT
- in diesem Augenblick -
ist alles in Ordnung,

sagen die Schmetterlings-Engel!

Danke

Ich bedanke mich bei den Schmetterlings-Engeln sowie den geistigen Verbündeten, die mir geholfen haben, mein Wissen über Geistiges Heilen und Selbsttransformation in diesem Praxisbuch niederzuschreiben.

Die Kenntnisse zur Meisterung der persönlichen Transformation sind die wertvollsten Geschenke meines Lebens.

Ebenfalls danke ich meinen Freunden und Kursteilnehmern, die mir durch Fragen, Diskussionen und Inspirationen eine Vertiefung meiner Erkenntnisse ermöglicht haben.

Möge die Botschaft der Schmetterlinge Liebe und Heilung in die Herzen der Menschen bringen.

Schlusswort

Mit meinem Praxisbuch gebe ich dir wertvolle Einblicke in die neuen Abschnitte unserer Zeit. Das Übungsprogramm für Geistiges Heilen – Transformation im Quantenfeld der Schmetterlinge - ist in klaren nachvollziehbaren Wegweisern aufgebaut. Sie dienen der persönlichen Weiterentwicklung und unterstützen dich in deiner beruflichen Praxis als Heiler, Coach und Therapeut.

Probiere es einfach aus! Spüre die Wirkung!

Christiane Maria Völkner

Weitere Informationen über meine Arbeit, Seminare und Ausbildungen findest du unter: www.yowea.com